21 世纪全国高职高专文秘类规划教材
校企合作开发实用型教材

新编秘书职业概论

主　编　吴良勤　樊旭敏
副主编　于馨颖　李　展　王　华

北京大学出版社
PEKING UNIVERSITY PRESS

内 容 简 介

本书主要介绍了什么是秘书、秘书工作的基本理论、秘书工作的主要内容、工作方法等内容。本书与其他同类教材相比，其最大特色是突出实践训练的可操作性，让学生在轻松有趣的"做"的过程中，熟练掌握秘书这一岗位所必须具备的基本知识和基本技能。在内容安排上，一方面理论指导注意实务、实训；一方面削减了办文办会办事的篇幅，增加了"做人"的内容。

本书可以作为高职高专院校文秘类专业秘书入门课程教材，也可作为在职秘书或者即将从事秘书职业的职场新人的日常读本，也可作为国家秘书职业资格考试辅导用书。

图书在版编目（CIP）数据

新编秘书职业概论/吴良勤，樊旭敏主编．—北京：北京大学出版社，2012.11
（21世纪全国高职高专文秘类规划教材）
ISBN 978-7-301-20201-2

Ⅰ.①新 Ⅱ.①吴…②樊… Ⅲ.①秘书学—高等职业教育—教材 Ⅳ.①C931.46

中国版本图书馆 CIP 数据核字（2012）第 022139 号

书　　　名：	新编秘书职业概论
著作责任者：	吴良勤　樊旭敏　主编
策划编辑：	周　伟
责任编辑：	周　伟
标准书号：	ISBN 978-7-301-20201-2/G·3314
出版发行：	北京大学出版社
地　　　址：	北京市海淀区成府路205号　100871
电　　　话：	邮购部 62752015　发行部 62750672　编辑部 62754934　出版部 62754962
网　　　址：	http://www.pup.cn　新浪官方微博：@北京大学出版社
电子信箱：	zyjy@pup.cn
印　刷　者：	三河市博文印刷厂
经　销　者：	新华书店
	787毫米×1092毫米　16开本　12.5印张　293千字
	2012年11月第1版　2012年11月第1次印刷
定　　　价：	26.00元

未经许可，不得以任何方式复制或抄袭本书之部分或全部内容。
版权所有，侵权必究
举报电话：010-62752024　电子信箱：fd@pup.pku.edu.cn

前 言

筹划编写《新编秘书职业概论》一书，主要源于两个原因：一是高职高专院校文秘专业教学改革需要，许多高职高专院校将传统的"秘书学概论"课程改为"秘书职业概论"、"秘书职业基础"等，教材是教育的纲，纲举才能目张，必须要有一本理念新颖、有特色的教材配合教学改革；二是教育部先后颁发了《教育部关于推进高等职业教育改革创新引领职业教育科学发展的若干意见》和《关于贯彻落实推进中等和高等职业教育协调发展工作的通知》等重要文件，编委会申领了教育部高职高专文秘类专业教学指导委员会重点科研课题"关于中高职文秘人才培养方案一体化模式研究"，通过《新编秘书职业概论》一书的编写，体现近年来文秘专业办学的教育理念和教育思想，同时也是对中高职文秘专业教材衔接的探索。

本书的编写旨在培养学生从事秘书工作的基本技能和心态。主要介绍了什么是秘书，秘书工作的基本理论，秘书工作的主要内容、工作方法等。为了增强本书的实用性和针对性，一方面，我们作了广泛的社会调查，在编写的过程中，我专访了国内知名的秘书学专家以及一些知名企业的老总和总裁秘书，除此之外还让我的学生、钟山学院秘书事务所成员走访了南京及周边地区近200家企业秘书、人事经理、企业老总，向他们征询现代企业招聘秘书的标准，现代企业秘书应该具备的能力和素质；另一方面，我邀请了国家税务总局培训中心办公室主任王华女士共同编写，王华女士有近20年的办公室秘书工作经历，经验丰富。

秘书工作的成败，三分靠做事，七分靠做人。与传统的《秘书学概论》相比，在编写这本教材时，我们作了以下几个方面的尝试与探索：一方面理论指导实务、实训；一方面削减了办文办会办事的篇幅，增加了"做人"的内容。本书可以作为高职高专院校文秘类专业秘书入门课程教材，也可以作为在职秘书或者即将从事秘书职业的职场新人的日常读本，也可以作为国家秘书职业资格考试辅导用书。

本书的编写分工是：吴良勤（钟山职业技术学院）负责编写第一章；于馨颖（钟山职业技术学院）负责编写第二章；樊旭敏（浙江经济职业技术学院）负责编写第三章和第四章；王华（国家税务总局培训中心）负责编写第五章；李展（郑州铁路职业技术学院）负责编写第六章和第七章。全书由吴良勤统稿，吴良勤和樊旭敏担任主编，于馨颖、李展和王华担任副主编。

需要特别说明的是，在本书的编写过程中我的授业恩师、苏州港大思培科技职业学院副院长、著名的秘书学家黄月琼教授，扬州职业大学文秘专业学科带头人王瑞成教授给予了无私的指导与帮助。李展老师对全书的文字和遣词造句方面做了通读，为本书的顺利出版做了很多有益的工作。在编写过程中，我们借鉴、参考了秘书学界前辈的研究成果，在此对所有帮助和支持本书编写的领导、同事、家人表示衷心的感谢。

真诚地希望秘书学界前辈、专家、学者以及使用本书的秘书专业教师、学生对本书提出宝贵意见，以便在日后修订时日趋完善，意见和建议可以通过电子邮件发送至 wulq_003@126.com，谢谢！

吴良勤

2012年7月于南京银河湾

目 录

第一章 秘书概述 (1)
  第一节 秘书的定义 (2)
    一、"秘书"词义的演变 (2)
    二、秘书的定义 (3)
    三、秘书职业的特征 (4)
  第二节 秘书的分类 (6)
    一、按照秘书服务的对象划分 (6)
    二、按照秘书工作的性质划分 (7)
    三、按照秘书的级别划分 (7)
    四、按照秘书业务的内容划分 (8)
  第三节 培养秘书正确的角色意识 (9)
    一、秘书的角色定位 (9)
    二、秘书的角色条件 (11)
    三、秘书的角色意识 (12)
  本章练习与实训 (16)

第二章 秘书工作 (18)
  第一节 秘书工作概述 (19)
    一、秘书工作的内容 (19)
    二、秘书工作的性质 (21)
    三、秘书工作的作用 (22)
  第二节 秘书的一天 (24)
    一、工作时间之内 (25)
    二、工作时间之外 (26)
  本章练习与实训 (29)

第三章 秘书的资质 (31)
  第一节 秘书的修养与职业道德 (32)
    一、秘书的理论修养 (32)
    二、秘书的工作作风 (33)
    三、秘书的职业道德 (34)
  第二节 秘书必备的知识和能力要求 (36)
    一、秘书工作的必备知识 (37)

二、秘书必备的品质 ……………………………………………………………… (39)
三、秘书必备的能力 ……………………………………………………………… (43)
四、领导选聘秘书的标准 ………………………………………………………… (44)

第三节 秘书的心理与性格 …………………………………………………………… (49)
一、秘书的心理素质 ……………………………………………………………… (49)
二、秘书的心理健康 ……………………………………………………………… (51)

本章练习与实训 ………………………………………………………………………… (52)

第四章 秘书职能范畴 ……………………………………………………………… (54)

第一节 辅助决策 ……………………………………………………………………… (55)
一、辅助决策概述 ………………………………………………………………… (55)
二、辅助决策的原则 ……………………………………………………………… (57)
三、决策中的秘书工作 …………………………………………………………… (60)

第二节 督促检查 ……………………………………………………………………… (62)
一、秘书督查工作的性质 ………………………………………………………… (62)
二、秘书督查的范围和方法 ……………………………………………………… (63)
三、秘书督查的要领 ……………………………………………………………… (63)

第三节 协调关系 ……………………………………………………………………… (65)
一、秘书协调关系的含义和作用 ………………………………………………… (65)
二、秘书协调关系的范围和程序 ………………………………………………… (66)
三、秘书协调关系的要领 ………………………………………………………… (67)

第四节 保守秘密 ……………………………………………………………………… (70)
一、保守秘密的含义 ……………………………………………………………… (70)
二、保密工作的特点 ……………………………………………………………… (71)
三、保密工作的方针与国家秘密的范围 ………………………………………… (72)
四、秘书工作与保密 ……………………………………………………………… (74)

本章练习与实训 ………………………………………………………………………… (77)

第五章 秘书职业形象设计 ………………………………………………………… (79)

第一节 秘书外形与仪态设计 ………………………………………………………… (80)
一、秘书外形设计 ………………………………………………………………… (80)
二、秘书外在仪态设计 …………………………………………………………… (83)

第二节 秘书仪表修饰 ………………………………………………………………… (85)
一、发型修饰 ……………………………………………………………………… (86)
二、面容修饰 ……………………………………………………………………… (86)
三、手部修饰 ……………………………………………………………………… (86)
四、配饰修饰 ……………………………………………………………………… (87)
五、表情修饰 ……………………………………………………………………… (87)

本章练习与实训 ………………………………………………………………………… (90)

第六章　秘书人际关系处理 … (92)
第一节　秘书工作人际关系概述 … (93)
　　一、秘书处理人际关系的重要性 … (93)
　　二、秘书处理人际关系的准则 … (96)
第二节　秘书如何处理各种人际关系 … (99)
　　一、秘书与领导的关系 … (99)
　　二、秘书与一般同事的关系 … (104)
　　三、秘书如何与群众相处 … (105)
第三节　秘书工作方法和艺术 … (106)
　　一、秘书工作的方法 … (106)
　　二、秘书工作的艺术 … (109)
　本章练习与实训 … (112)

第七章　秘书职业规划与发展 … (114)
第一节　认知秘书职场及求职要求 … (115)
　　一、秘书的任职资格与条件 … (116)
　　二、秘书的求职过程 … (116)
第二节　秘书职业发展及资格认证 … (123)
　　一、秘书的职业发展 … (124)
　　二、秘书资格认证 … (124)
　　三、备考秘书证书 … (127)
第三节　秘书职业生涯规划 … (132)
　　一、秘书职业生涯规划的含义 … (132)
　　二、秘书职业生涯规划的作用 … (132)
　　三、秘书职业生涯规划的步骤 … (133)
　　四、秘书职业生涯的评价 … (134)
　本章练习与实训 … (138)

附录一　国内主要秘书类教育研究机构、杂志简介 … (139)
附录二　党政机关公文格式 … (141)
附录三　党政机关公文处理工作条例 … (160)
附录四　秘书国家职业标准 … (166)
附录五　国家秘书职业资格考试四级样题 … (178)
参考文献 … (192)

第一章

秘书概述

第一节 秘书的定义

案例讨论

小阎原来在某公司财务部工作，因为表现恶劣，违规乱纪，差点被开除。但这样一个劣迹斑斑的人却被当时的公司副总老王看中，他以小阎精明能干、能写会说为由，要求把小阎调到自己的身边当秘书。当时负责考核选调工作的部门认为既然是领导选调自己的私人秘书，应该充分尊重领导个人的意见，相信领导的眼光不会错，于是就按照王总的要求将小阎从财务部调到了公司办公室，让其任王总的秘书。小阎后来成了王总搞违法犯罪活动的得力助手，他可以随便扣压请示报告，甚至代替王总发号施令，被公司的干部私下称为"最次的秘书"。

后来，公司的一位领导在评论上述情况时说："这是选调关没有把好造成的漏洞。"

试分析：负责选调工作的部门对"领导的秘书"的理解是否正确？为什么？

秘书是当今社会最广泛的社会职业之一，属于第三产业范畴，秘书职业也被誉为世界上常青的职业。我国秘书的历史源远流长，但是，秘书作为一种社会职业则是 20 世纪 80 年代以来的事情。改革开放开启了我国秘书的职业化进程，历经二十余年的发展，我国的秘书职业逐步走上了制度化、规范化的道路。秘书职业已经成为当今社会的热门职业之一，受到越来越多的有志青年的青睐。

一、"秘书"词义的演变

"秘书"一词在国内外都由来已久。在国外，"秘书"一词源于拉丁文的"Secretarius"，意思是"可靠的职员"。英语中的秘书（Secretary）与秘密（Secret）有着密切的联系。现代西方国家的秘书概念形成于资产阶级工业革命时期，是工业社会的产物，主要指一种职位或者职业及具有此职位的职员或者从事此职业的人员。在我国，秘书的历史源远流长，据史书记载距今已有 3000 年的历史。

在我国，"秘书"的含义几经变化，主要有以下四个方面的含义。

一是指宫禁中的秘藏之书，具体是指藏在皇宫、秘府中的经籍。

二是指谶纬之书，具体是指巫师、方士的预言之书，儒家的经典著作等。

三是指官员职务名称。其职责也侧重于记载"秘书"，负责管理奏章函牍、御旨秘籍等工作。

四是职务之称,是指行政职务。

以上"秘书"的含义,与今天所说的现代意义上的"秘书"的含义大不相同。我国现代意义上的"秘书"始于孙中山先生领导的南京临时政府,但是当时的秘书还不能完全等同于今天的职业秘书。

二、秘书的定义

我国目前对于"秘书"的定义尚无统一的看法,综合我国秘书学界的研究成果,可以看出,对于"秘书"的界定众说不一,比较有代表性的说法主要有六种(即职务职称说、"三办"说、辅助决策说、政务事务服务说、参谋助手说和职业说)。自20世纪80年代以来,国内秘书学研究者层出不穷,比较有代表性的秘书学研究专家、学者有常崇宜、范立荣、杨树森、黄月琼、谭一平等。对于"秘书"的定义,目前有代表性的说法主要有以下五种。

(一)国际职业秘书协会(现更名为国际专业行政协会)对"秘书"的定义

秘书是具有熟练的办公室工作能力,不需领导敦促即能主动负责、积极进取、干练果断、能在授权范围内作出正确决定的经理助手。

(二)美国《韦氏秘书手册》对"秘书"的定义

今天的秘书决不再是单纯的接待员兼打字员,因为越来越多的经理希望自己的秘书成为行政管理的助手,以便自己有可能从烦琐的日常事务及专门事务中解脱出来……秘书已经成为决策者和执行者之间的一座桥梁……一个精干而可靠的秘书不仅是经理和工作人员之间的桥梁,而且还应当是协助经理的左右手。

(三)日本学者对"秘书"的定义

日本学者认为秘书是"帮助与处理各种事务的工作人员"、"秘书是全能运动员"。

(四)苏联对"秘书"的定义

秘书是一项普通的职业,其职能主要是为机关提供辅助性、事务性和信息性的服务。

(五)我国秘书研究专家、秘书学者对"秘书"的定义

1. 常崇宜对"秘书"的定义

秘书,是从事信息性、事务性、技术性工作,近距离综合辅助领导决策与管理的职员。

2. 杨树森对"秘书"的定义

秘书就是直接为领导、主管或者雇主提供辅助管理、综合服务,并以脑力劳动为主的工作人员。

3. 谭一平对"秘书"的定义

秘书就是为了给领导创造最佳决策环境的人。

4. 我国人力资源和社会保障部《秘书国家职业标准》对"秘书"的定义

秘书是从事办公室程序性工作、协助领导处理政务及日常事务并为决策及实施提供服务的人员。

长期以来,秘书作为一种职业在人们心目中的形象,犹如云雾缭绕的庐山,横看成岭侧成峰,远近高低各不同。在一部分人看来,秘书长相漂亮,地位显赫,出尽风头;但在另一部分人的眼中,秘书缺乏个性,默默无闻,专为人作嫁衣裳。"秘书是领导的助手"、"秘书是领导最重要的商品——时间的管理者",与这些倾向于积极的评价相反,也有消极的评价,"秘书是领导的传声筒"、"秘书是吃青春饭的"等,各种评价,不一而足。

三、秘书职业的特征

作为一种社会职业,和其他的职业一样,秘书职业也具有其自身的职业特征,具体体现在以下四个方面。

(一)工作的依存性

作为秘书,在开展工作时必须以领导活动为中心,并受制于领导活动。除了处理常规性事务外,秘书绝大多数行为的启动、运行和终止,都要受到领导活动的制约,所以工作具有较大的依存性。

(二)服务的全面性

秘书这个工作岗位已规定了它的角色归属,即为其服务对象提供服务,而且这种服务应该是直接的、全面的。从辅助领导决策,沟通协调各种关系,到办公室事务管理,文书档案管理;从接待工作、会务工作,到调研工作、信访工作等,无不体现出了秘书为其服务对象提供服务的全面性和广泛性。

(三)角色的差异性

秘书角色事实上是一个较模糊的,有很大差异性的角色。之所以有这样的差异性,这是由服务客体和服务主体两个因素决定的。就服务客体而言,不同的领导对秘书的要求是不尽相同的,有的领导要求秘书要有雄才大略,要有较强的管理能力,而有的领导却要求秘书要有较强的公关能力,能左右逢源、出入相随等。就服务主体而言,秘书素质的不同更是决定了秘书角色的差异性。例如,同一个高级秘书职位由不同的秘书去担任,其角色的差异是显而易见的。

(四)才能的复合性

无论是公务秘书还是私人秘书,领导往往都要求秘书能一人多用。特别是在私营企业,领导更是要求秘书既要能撰写文稿,又能处理文书档案;既要会办公自动化操作,又要懂外语;既要管好内部事务,又要善于公关协调。也就是说,要求秘书要有"十八般武艺",样样能行,场场能上,是一个复合型人才,这就充分体现出了秘书才能的复合性。

阅读材料

浅议对"秘书"的几点误解

尽管我在杏坛耕耘长达九年,但却有两个月的秘书生涯。时下,有许多同志对"秘书"这一职业存在一些错误的认识。下面,鄙人就这些社会上普遍存在的误解谈一谈个人的拙见。

误解一:"伴君如伴虎。"这句话大家都知道,可是很少有人知道后面还有一句"刻刻要当心"。意思是陪伴君王像陪伴老虎一样,随时有杀身之祸。用它来引喻大人物(领导)喜怒无常,要时刻当心啊。那是封建社会里的君臣关系、臣民关系的真实体现。现在我们处于现代社会,除了讲究必要的与领导相处的艺术之外,我们应该更多地关心领导的生活,替领导分忧。但毕竟领导也是人,也会有来自不同社会层面的压力。

就拿我的经历说吧。当秘书时,我的领导是位女同志。初来乍到的我就听说这领导很"不亲近"。的确,我看到的都是一张非常严肃认真的面孔。但是,在一次应酬中,我正好坐在离她比较近的位置。我本身是很厌恶喝酒的,应酬喝酒纯属无奈。看到她为单位而与客人觥筹交错时,我就乘机把领导那装满高度白酒的酒壶换成装纯净水的。尽管这种伎俩不符合社交规则,但是适当的智胜是必要的。之后不久,客人酩酊倒地,领导满意而归。大家散去时,女领导冲我们大家笑了笑。这可是我第一次见她笑,很美。

秘书除了写好文稿,还要充当"高级顾问"。领导也有"智穷"的时候,也许秘书此时的一句话,会让领导茅塞顿开,对你刮目相看。出谋划策,尽量为领导多分忧解难。工作上,领导的难处就是你秘书的难处。只有让领导无忧,领导才会让你也无忧。

误解二:"只要帮领导写好文章就行了。"会写文章,写好文章是秘书的本职工作。这是毋庸置疑的。但是,光是以文章的好坏来评定一个秘书的优劣是不正确的。除了上面讲到的善于替领导分忧解难之外,还要注重科学知识、理论功底、政治敏锐、文字运用等诸多综合能力的培养。要活到老,学到老,使自己与时俱进。

提及市委副书记、市委秘书长黄志伟。由于他对市委整个大局中心工作拿捏准确,政治大方向把握得非常好,因此,百色市的许多届市委领导都不舍得放手。可以肯定,黄秘书长除了写得一手漂亮文章之外,还有许多会写文章的人无可比拟的长处。

误解三:"办公室简直就不是人待的地方。"说这话的人,说明他(她)对秘书的工作环境有了真切的体会。的确,办公室是整个单位的运转机构。办公室的事务繁杂,在那里工作非常忙碌。但是,换角度而言,那是一个练就真金的熔炉,是专门磨砺人的地方。在田林县县府办任秘书多年的陆海青,她的脑子就是一个电脑记忆储存器。她可以随时随地"输出"全县上至县委书记、下至各乡镇村委书记的上百个联系号码,令人咋舌。《右江日报》通讯员黄绍碧,原先只是一个很普通的中学教师,但现在他已经是"田林县的一支笔"了。他的成长也离不开办公室。在田林县"两基"攻坚大会战中,时任县教育局秘书的他,练就了真金不怕火炼的硬功夫,比如领导今天说明天开会要用

---

① 资料来源:罗菊芳. 浅谈对"秘书"的几点误解[N]. 右江日报,2010.

稿，那么洋洋洒洒近万个字的稿子，他一个晚上就可以拿出来，而且让领导颇为满意；去深入采访某个典型人物，同行的人还不知道怎么回事，而他的脑子里已经有很好的写作思路了。其对新闻的敏锐、对创作的睿智就是在办公室当秘书的时候磨炼出来的。

现在办公室里的秘书，不仅仅是写文章而已，还有堆积如山的文件、没完没了的应酬要对付。而我们只是血肉之躯，不是铁打的、钢铸的，哪经得起无数次折腾。对秘书而言，除了面临社会、工作和家庭的三重压力外，什么亚健康和各种疑难杂症纷至沓来，不能不说是现代社会的一种悲哀。但是，身处秘书一职，干好工作，服务领导，责无旁贷。

第二节

秘书的分类

 案例讨论

李强从中学到大学毕业，一直以写得一手好文章被同学、朋友称为"才子"。参加工作后，在试用期间，李强为"一把手"起草了两篇十分精彩的讲话稿，深得领导和同事的好评。三个月试用期满后，"一把手"破格任命李强为办公室负责人。然而，担任办公室负责人后，李强却感觉自己难以胜任，经常出现差错。

试分析：(1)"一把手"对李强的任命是否合适？(2) 李强要胜任办公室负责人的职务，应尽快增强哪些方面的素质？(3) 李强若长期不能胜任工作将会造成哪些消极影响？

秘书作为一种社会职业，其种类越来越多，分工也越分越细。我国对秘书的分类如下。

一、按照秘书服务的对象划分

（一）公务秘书

公务秘书是指为党政军、社会事业单位、社会团体、机关服务的秘书。公务秘书原则上必须由机关组织、人事部门选用、任命。

（二）私务秘书

私务秘书又称私人秘书，是指由私人、私营企业、民营企业等出资雇佣聘请并为私人服务的秘书。

二、按照秘书工作的性质划分

（一）党政秘书

党政秘书是辅助党政机关领导和领导集体实施决策与管理，保障机关各项工作正常运转的秘书。

（二）企业秘书

企业秘书是在公司企业中专门为企业领导统筹公司的各项事务而服务的秘书。在私有企业工作的属于私人秘书性质，在国有企业工作的属于公务秘书性质。

（三）商务秘书

商务秘书是在公司企业的经营活动中，专门辅助领导处理各类商业性事务的秘书。目前，在我国的公司企业中纯粹的商务秘书还不多，随着人们对秘书在商务运作中的重要性有了更进一步的了解和认识，这种局面将会得到改善。

三、按照秘书的级别划分

（一）初级秘书

初级秘书主要从事操作性的服务工作，帮助领导处理一些日常程序性的琐事和杂务，如核对打印文稿、整理保管资料、操作电脑、接听电话等。这些都是日常事务中大量的、经常的、必不可少的工作，虽然简单，却可以使领导从琐碎的事务中解脱出来，并避免或者减少办理具体事务过程中的许多漏洞。

（二）中级秘书

中级秘书主要从事辅助管理事务和部分操作性事务，消除领导在决策与管理过程中的各种技术障碍，如筹办会议、安排日程、撰拟文稿、协调关系等。中级秘书在协助领导办文、办会、办事的过程中，要协助领导协调企事业单位各种内外关系，注意以全局利益出发，在领导活动中积极发挥拾遗补阙的职能。

（三）高级秘书

高级秘书是指秘书部门的负责人、助理、首脑机关的专职秘书等，他们主要是在高层领导身边从事高级参谋和助手的工作，主要在智能上辅助领导，如分析研究信息、提供决策方案、拟定重要文件、参与对外谈判等。在高级政府机关、规模较大的企业和社会团体内部等，一般都配备高级秘书。高级秘书需要具备很高的综合素质，精通秘书业务，具有综合指挥、协调的才干和独当一面的管理能力。

在国家人力资源和社会保障部颁布的《秘书国家职业标准》中，为了使职业等级与国际接轨，将秘书在职业等级上分为五级秘书（原初级秘书）、四级秘书（原中级秘书）、三级秘书（原高级秘书）和二级秘书（秘书技师，行政管理师），并提出了相应的工作要求。

阅读材料

金领一族新成员：高级秘书[①]

秘书近来是一个比较吃香的职业，但很少人知道，秘书也可以是个"黄金职业"。过去招聘秘书，大多从中文系毕业生中挑选，现在则必须有相关的专业知识背景。目前在人才市场中招聘高级秘书的主要有电脑、科技生物工程和光电通信业等高科技企业。这些企业招聘秘书的要求相当高，除聪明、干练等一般要求外，还十分注重应聘者的沟通能力、组织才能，精通英语、电脑是基本要求，另外还须掌握相关的科技专业技能知识。

求职者看好高科技公司秘书职业，首先是行业优势，电脑业、科技生物工程和光电通信业等都属朝阳企业，求职者希望投身这些有发展前景的公司；其次是管理优势，高科技公司内横向轮调、转任他职的机会相对较多，职业发展空间较大。一位人事主管说，他对公司里"秘书"和"特别助理"这两个职位把关最紧，因为秘书做好了可成为特别助理，而特别助理则是产生主管人才的摇篮。

高级秘书包括跨国公司首脑秘书、董事会秘书和地区总裁秘书等。这是处于高级领导层的要职，他们的领导能力、协调能力和管理能力都需要多年甚至十几年的培养和修炼，很多人持有外国护照，年龄也偏大，这是秘书职位的顶点，到此时才能真正领悟秘书工作的全部内涵。

四、按照秘书业务的内容划分

按照秘书业务的内容划分，秘书可以分为行政秘书、机要秘书、文字秘书、事务秘书、会议秘书、公关秘书、法律秘书、医药秘书和教学秘书等。

阅读材料

秘书工作"钻石图"[②]

日本著名学者田中笃子在其《秘书的理论与实践》一书中将秘书的日常工作分为四个层次，并称之为"钻石图"（如图1-1所示）。

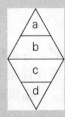

图1-1　秘书工作"钻石图"

---

① 资料来源：关光耀. 金领一族新成员：高级秘书［N］. 广州日报，2002.
② 资料来源：谭一平. 秘书实务与案例分析［M］. 北京：外语教学与研究出版社，2009.

在"钻石图"中的 a 部分工作是指参与企业经营决策、协调与各方面的关系和负责秘书部门的管理等工作；b 部分工作包括上司办公室的管理、负责文件起草、信息收集、日程安排、上司出差准备等工作；c 部分工作包括为上司接打电话、接待客人、收发邮件等工作；d 部分工作主要是负责办公用品管理、安检、卫生等行政后勤工作。

从这个"钻石图"中可以看出，从事 a 部分的工作一般是由办公室主任这类人，它实际上属于企业管理的范畴，不是严格意义上的"秘书工作"；同样，d 部分的工作也不是严格意义的"秘书工作"，它属于行政后勤工作的范围；只有 b 和 c 才是我们通常所说的"秘书工作"。因此，现在人们习惯上这么理解：

助理 = a + b；秘书 = b + c；文员 = c + d。

第三节 培养秘书正确的角色意识

案例讨论

小尹在公司打拼了多年，现在终于熬出头了，从办公室秘书转变为总经理专职秘书。从转为总经理专职秘书后，小尹好像变了一个人似的，人前人后都炫耀自己是总经理专职秘书，对于以前办公室的同事们也是趾高气扬，一副盛气凌人的架势，也正因为这样，同事们慢慢疏远了她。有一次，小尹的家中有急事需要处理，正好她又要在单位值班，这时候，她想到请办公室的其他秘书代其值班，打了一圈电话后，居然没有一个人愿意帮她值班，面对现状，小尹百思不得其解。

试分析：（1）小尹的问题出在哪里？（2）如果你是小尹，你会怎么做？

一、秘书的角色定位

理解和把握秘书工作的特征是秘书进行角色定位的前提。在日常工作中，秘书能否进行正确的定位，直接影响着工作的效果。秘书角色定位是指秘书对自己在社会组织中所扮演的角色、所处的地位的衡量和确定。

（一）秘书工作的特征

传统研究观点认为秘书工作具有辅助性、从属性、被动性和潜隐性等特征，无疑都是正确的。但是，我们不能不注意到，这些认识多是站在领导的角度来分析而得出的结论，却忽略了秘书的自身地位，把秘书视作领导的附属物，所以并不能完全揭示秘书工作的特征。立足于秘书工作本身，对其进行深入的分析，我们可以得出秘书工作具有主动性、集体性、专业性、灵活性和超前性的特征。

（二）秘书的角色定位

秘书的角色具有两面性，既有配角的一面，又有主角的一面。秘书的基本角色是辅助管理者，是领导的近身助手，是配角。但是在特定的时间、地点和场合，秘书又可以由配角转化为主角，由被动转变为主动，发挥主观能动性。当然，这不意味着秘书可以反客为主，自以为是，而必须深刻认识秘书的角色内涵，摆正自身位置，恪守职场规则，扮演好自己的职业角色。

秘书的职业角色具有多样性，这是由秘书职责的多样性决定的。秘书应当具有角色转换的思维方式，从实际需要出发，自觉地转换好不断变化的角色，更好地发挥角色职能，胜任秘书工作。

秘书的主要职业角色如下。

1. 助手角色

秘书工作的性质，决定了秘书首先是企事业单位或者领导的助手，承上启下，沟通左右，衔接内外，联系各方，起着不可或缺的纽带作用。

2. 写手角色

写作是秘书工作的一项极其重要的内容，写作能力也往往被视为秘书的看家本领。写作各类讲话稿、草拟各种文书甚至撰写新闻稿件，这都是秘书的"家常便饭"。

3. 公关角色

秘书在企事业单位中扮演着重要的公共关系职业者的角色。秘书形象不仅仅代表其个人，还代表领导的形象和整个企事业单位的形象，在工作中应该努力为企事业单位广结良缘，以形成有利于企事业单位发展的广泛社会关系的网络和环境。

4. 保密角色

秘书处于企事业单位的中枢位置，知密早、涉密多、交际广，保密就成了秘书的天职。秘书必须具备高度的保密意识，严守保密纪律，做到"守口如瓶"自觉履行保密的职责，做一个特殊的保密员。

 阅读材料

秘书的非常角色：没有角色的角色[①]

三年前，小祝大学毕业一年多，当她准备加入联想，成为高层领导身边的一名秘书时，她对于自己的目的有着十分清醒的认识：她需要在大公司里积累工作的经验，联想应该是一个不错的选择；秘书的工作经常有机会接触到公司高层和方方面面的业务，可以学到很多东西，会是一个很高的职业"起点"。三年过去了，她发现，所有的一切都

---

① 资料来源：大秘书网。

如同她当初的认识一样,她学到了很多,成长得很快。与此同时,她爱上了联想,爱上了秘书的工作。

现在,小祝在公司的高级秘书当中是工作时间最长、资格最老的一个。由于职业秘书的概念在国内企业中还未获得广泛认可,许多人在秘书的岗位上顶多做两年左右就纷纷离开了,有的跳槽,有的出国,有的转到公司的其他部门。秘书并不被认为是一个有长期发展前途的工作,而仅仅是晋升的台阶或一块弹性很好的"跳板"。

小祝做过公司高级秘书中几乎一半人的指导人,同时她还负责招聘新秘书时的面试。她认为,做秘书,尤其是总裁的秘书,悟性最重要。什么是悟性?首先得聪明,有足够的沟通能力、应变能力和协调能力;但是太聪明、太有心计了也不行,秘书对于自己的工作定位要有明确的认识。用她自己总结出来的一句"格言"说,就是"秘书是没有角色的角色",你不能有出格的表演。

二、秘书的角色条件

秘书的角色条件是由秘书工作的特点决定的,从大的方面可以包括生理条件、心理条件和社会条件,其中,生理条件是心理条件的必要前提,而心理条件的产生还取决于角色个体的社会条件。有些内容在后面章节中还会从其他的角度涉及,这里仅谈谈秘书角色的年龄、性别、健康和文化程度等一般条件。

(一)年龄条件

社会角色不同,对年龄条件的要求也不同。有些社会角色对年龄条件的要求规定得比较明确,有些社会角色对年龄条件的要求规定得就不十分明确。目前,我国对秘书从业者的年龄并没有明确的规定,但是从职业化的趋势来看,整体上呈现年轻化的特征。

但是,我们不能绝对地说秘书就是年轻人的职业,具体情况还是要结合具体的岗位要求来定。这也给年轻秘书以有益的启示,提高自身素质才是关键所在,所谓"秘书吃的是青春饭"的观点只能是一种认识的偏颇。

(二)性别条件

社会角色不同,对性别条件的要求也不同。有些社会角色对性别的要求规定得比较明确,有些社会角色对性别的要求规定得就不十分明确。从职业化的角度考查,秘书职业呈现女性化的特征,在许多国家和地区,秘书职业就被公认为是"女性的一统天下"。

在我国,改革开放以前,秘书几乎就是男性的天下。改革开放后,"三资"企业大量出现,发达国家先进的管理思想和管理方法被引进,包括秘书女性化这一被发达国家普遍认同的管理模式。所以,今天从职业化的角度来考查,女性秘书已经成为我国秘书职业阶层的主体。

(三)健康条件

各种社会角色对角色健康的要求基本上是一致的,即要求身心健康。秘书角色的健康条件也不例外,一要生理健康,二要心理健康。二者相互联系又相互制约,生理健康是心理健康的自然条件,而心理健康又影响着生理健康。一个人如果只有生理健康而缺乏心理健康的条件,也很难胜任角色任务。

(四) 文化程度

文化程度即受教育程度,是秘书角色条件中不可或缺的条件之一。秘书要从事文字性、智能性工作,没有一定的受教育程度是难以胜任秘书工作的。文化程度可以从两个方面来理解,一是从学历层次的高低作为评判标准,二是以知识结构是否合理作为评判标准。

目前,评定秘书的文化程度主要有两个方面:一是学历教育,据统计,我国开设文秘专业的高等院校有800多家,每年为社会培养出数千名的高素质、高技能的应用型人才;二是秘书职业资格认证,根据人力资源和社会保障部的数据显示,每年有近10万人通过秘书职业资格鉴定考试,取得相应等级的秘书职业资格证书。

三、秘书的角色意识

秘书的角色意识是指秘书对所担任角色的社会地位及由地位所规定的职责的知觉、理解和体验。秘书的角色意识是做好秘书工作的关键所在,秘书能否形成鲜明强烈的角色意识,是其能否干好工作并且发挥主观能动性的基础;不能形成正确的角色意识,就很难成为优秀的秘书。

(一) 秘书角色知觉的误区

1. 秘书是"高级保姆"

这种角色知觉的错误在于把秘书角色完全置于受领导雇佣的地位上,不符合我国秘书职业的现状。这种观点认为秘书为领导服务没有界限,从日常工作到家庭事务都要为领导提供服务,是一种不需要什么专长,只需察言观色就行的角色。显然,这是对秘书职业和秘书工作的一种误解。虽然秘书为领导服务是一种角色规定,但是这种服务应该是在职责范围内的服务,否则就不属于秘书角色分内的事。如果秘书与领导关系密切,私人关系很好,在生活中相互关心和相互帮助也是正常的,但它属于非秘书角色的一种个人关系。

2. 秘书是"漂亮宝贝"

这种角色知觉的错误在于极端地贬低了秘书职业的作用,严重扭曲了秘书职业形象。随着我国秘书职业女性化特征的日趋明显,受各种复杂社会因素的影响,一些人认为秘书只要年轻漂亮就可以,将秘书视为好看的花瓶,做一些接待、应酬工作,更有甚者将女秘书的职业形象与社会不良现象画等号。这里面有残余封建陈腐观念的精神贻害的影响,有某些文学影视作品的商业渲染的影响,也有极少数人不良行为的现实误导的影响,其危害作用是相当大的。这种观点事实上败坏了秘书职业的声誉,阻碍了秘书职业的健康发展。

3. 秘书是"领导附庸"

这种角色知觉的错误在于抹杀了秘书职业及秘书工作的真实状态,矮化了秘书的人格形象。过去,有些电影和小说等出于塑造人物的需要,常把秘书角色描绘成在领导面前点头哈腰、唯唯诺诺、狐假虎威的不光彩形象，甚至有"奴化"倾向，实际上是把少数人的个别行为进行了抽象概括，但是却使人们尤其是对秘书工作缺乏实际了解的人对秘书工作产生了误解。秘书作为一种特定的社会角色有其无可替代的工作内容，更有其独立的人格。秘书与领导之间在工作上是上下级关系，但是在人格上是完全平等的，不存在人身依附关系。

4. 秘书是"领导高参"

这种角色知觉的错误在于过高地估计了秘书角色所发挥的参谋作用，过分夸大了秘书角色的作用。我们提倡秘书角色在很好地完成自己各项事务性工作的前提下，尽可能地发挥自己的聪明才智，多为领导提供一些可供选择的优化方案或者有用信息，以便适当合理地发挥参谋作用。但是，这绝不意味着让秘书角色将工作本末倒置，忽视办事职能，过分强调参谋作用，专门为领导出主意、想办法。秘书工作的基本任务是辅助管理，把领导从繁杂的事务中解脱出来。把秘书角色说成是领导的专职高参，甚至说成"智囊团"、"思想库"，这是非常有害的。

阅读材料

秘书是吃青春饭的吗[①]

前不久，某高职院校新生报到，一外语类专业学生欲通过转专业到该校文秘专业就读，该校外语专业某负责人告诉学生说"秘书是吃青春饭的"，学生听了很困惑。秘书到底是不是吃青春饭的，为了这个话题，笔者专访了国内著名的秘书学专家谭一平教授和江苏及周边地区一些企业的人事部经理和公司总经理秘书等，在他们看来，秘书并不是吃青春饭的！

谭一平（国内知名的秘书学专家、教授、职场培训专家）：我对秘书是吃青春饭这种说法表示否定。在我看来，现在职场上不能排除这种现象，但是这种现象并不是普遍存在的，只是存在于个别人身上，那也是上司和秘书水平都不高造成的，绝大部人是靠能力吃饭。秘书这个职业，并不是越年轻越好，年轻人有年轻人的优势，对于秘书这个特殊的职业，越老越吃香，秘书专业的学生，要静下心来，认真学习知识、锻炼技能，为将来的"升值"作准备，多年媳妇熬成婆！现代企业领导人选聘秘书的标准也在悄然变化，青春美貌不再是企业领导人选择秘书的唯一标准。

史振洪（钟山职业技术学院文秘专业负责人、教授）：我个人是不同意"秘书是吃青春饭"的这个观点。拿我们系来说，文秘专业是我们学院立项建设的重点专业，我们的培养目标是"三会"、"三能"，即会写作、会交际、会实务；坐下来能写、站起来能说、走出去能干。想达到这样的能力，除了在学校认真学习，还必须到职场中进行磨炼，对于职场新人来说，不经过三五年，甚至更长的时间是不能达到这个要求的。

[①] 资料来源：吴良勒. 秘书是吃青春饭的吗［J］. 秘书之友，2010，(3).

杨蓉（德兰集团人力资源部经理）：从单位用人的角度来看，并不是这样的。现在用人单位招聘秘书的标准正在变化，一方面要看专业技能和专业素养，另一方面要看职业道德和身体素质，而相貌外表只是其中一个很小的因素；现在企业老板再也不需要只能看不能干活的"花瓶"了。秘书这个职业，就我们了解的情况看，还是经验比较丰富的，工作年限较长一点的"老秘书"比较吃香。

邬加军（南京普尔教育集团人力资源总监）：在国外有很多秘书，他们都是四五十岁还在从事秘书工作，但是他们的工作经验很丰富，领导觉得这样的秘书在身边是很放心的。比尔·盖茨的秘书露宝是四个孩子的母亲，当时比尔·盖茨二十多岁，而秘书露宝42岁，可以说微软的成功有露宝的一份功劳，如果没有露宝，有没有现在的微软还很难说。我觉得如果你是一个初入职场者，想从秘书开始做的女生，你不要担心青春饭的问题，要对自己有足够的信心，只要你做得足够好，你可以做得很高。从最开始的时候做一个很初级的秘书，现在可以做到一个经理助理，甚至是副经理、经理，我觉得，秘书工作，跟年龄没有关系。

李霞（原新华人寿江苏分公司总经理秘书）：秘书的工作很琐碎，接听电话、安排老板的日程、订票接站、会议记录等，这些工作光靠年轻貌美是没有用的，必须有一定的工作经验和社交能力，我个人认为，秘书不是吃青春饭的。

丁如江（江苏百盛时装有限公司办公室主任、财务总监）：秘书是领导的助手，是领导手和脑的延伸。秘书工作起着上情下达、左右疏通的枢纽作用，秘书工作得好坏，在一定程度上影响着形象和利益，要做好这些助手、枢纽的工作，必须要有精通人际沟通、办公室事务处理、财务、营销、管理、策划等方面的知识和能力，还必须有处理突发事件的能力，这些能力不是一个"新"秘书所能达到的，必须要在职场滚爬多年的秘书才能够具备。我个人觉得，青春很重要，各行各业都需要年轻人加入，每个人的工作都需要靠"青春"来打拼，但更重要的是能力和素质。

王琴（江苏省中成建设总公司苏州久源分公司行政秘书）：我工作快10年，曾做过两年的销售工作，后来一直从事秘书工作。我认为秘书不是吃青春饭的。对于秘书来说，工作经验是最宝贵的，工作的时间越长，秘书见的世面越多，遇到的问题越多，那么，积累的经验也就越多；秘书的经验多了，处理问题、办事的能力就会增强。现在，单位里面秘书的工作多、工作的内容变化快，面对种种事情，只有经验非常丰富的秘书才能应付自如，知道什么事该先做，什么事可以往后拖拖；知道怎样调整工作日程，以及应对调整后可能出现的各种意外情况。我会一直做秘书工作，这也适合我的性格，随着工作经验的积累，公司也是经常给我加薪，我非常喜欢我现在的工作。

（二）秘书角色错位的表现

进入职场，秘书必须时刻清醒地把握自己的角色，把握好角色的分寸，恰如其分地经营好自己的职业生涯。但是，在实际工作中，不少秘书做不到这一点，经常自觉不自觉地表现出不符合角色定位的过分行为，致使角色错位偏离角色位置，给自身形象及职业生涯带来不良影响乃至损失，应当引以为戒。

常见的秘书角色错位表现如下。

1. 关系越位

秘书与领导的关系在企事业单位中是一种上下级关系，在工作上是一种主辅关系。工作中有的秘书不能把握这种关系，以领导的角色或者假借领导名义越俎代庖，发号施令，甚至以"领导"自居，颐指气使，造成关系越位。

2. 工作越位

秘书和领导在工作中必须各司其职，各负其责，在各自的职责范围内开展工作，不能相互代替。工作中有的秘书处于把工作做好之心，抢着去做本应由领导出面处理的事，结果给领导帮倒忙，造成工作越位。也有的秘书为出风头而造成工作越位。

3. 表态越位

表态与个人的身份或者权力有着直接的关系。有些秘书在未经领导授权或者授意的情况下，就对某些问题进行决定性表态，给领导工作带来被动甚至不良的影响，造成表态越位。

4. 社交越位

秘书经常陪同领导参加一些社交活动，如迎来送往、宴请舞会、录像合影等。有些秘书不能够自觉地甘当配角，不注意突出领导，造成社交越位。

秘书角色错位的表现还有许多。应该说，造成秘书角色错位的原因还是在于对秘书角色的认识与理解不正确，对秘书角色与领导角色的关系的把握不准确，再加之一些人从业动机不纯，个人主义意识强烈，过分地看重自己的利益，给秘书角色人为地赋予了某种以权谋私的色彩，其消极影响不可低估，对企事业单位、对领导、对自身都会带来损害。

（三）秘书角色意识的培养

鲜明而正确的角色意识是从事秘书职业的灵魂所在，没有正确的角色意识，秘书就不能在工作中积极发挥主观能动性，就不会形成乐业、敬业的精神，甚至还会偏离职业轨道。要想成为一名合格的、优秀的秘书，就必须培养自己树立正确的角色意识。

1. 责任意识

秘书身处领导身边，直接为领导服务，在生活中负有重要责任。秘书必须培养高度的责任意识，培养强烈的社会责任感，这样才能在为领导服务中实现自己的角色价值。责任意识是秘书角色意识之本。

2. 服务意识

秘书必须把服务作为基本职能，认识服务是秘书的本色，理解服务的崇高，树立自觉服务的意识，甘当配角，乐于奉献。

3. 服从意识

服从是秘书最起码的角色意识，也是一种基本的职业道德品质。秘书必须坚定不移地、毫不走样地贯彻领导的决策，执行领导的决定，并学会对不同领导的适应和心理调节，保持心态的稳定和平衡。

4. 主体意识

秘书的基本角色是配角，但是秘书作为秘书职业活动的主体，在处理具体业务工作中又必须唱主角，必须积极主动地完成好本职工作，这是由秘书角色的双重性决定的。

5. 公关意识

秘书的特殊位置，需要处理好上下、左右、内外等各种关系，要有很强的公关意识。秘书应当全面培养自己的学识、技能，学会和善于处理各种复杂关系和突如其来的紧急情况，为领导分忧。

6. 形象意识

秘书的一言一行，代表着个人的形象、领导的形象、企事业单位的形象，是三者三位一体的综合形象塑造。秘书要讲究仪表美、心灵美，以外在美与内在美的和谐统一彰显职业形象。

7. 纪律意识

秘书处在领导身边这样一个特殊位置，有许多的便利条件，所以必须做到遵纪守法、遵章守规，同时具有鲜明的纪律意识，用来指导自己的规律和约束自己的社会行为，尤其在保守秘密方面，秘书应将之视为铁的纪律。

总之，深刻理解这些基本的秘书角色意识并努力培养自己的角色意识，对于个体的职业生涯意义深远。

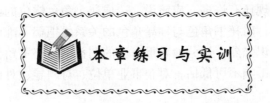

本章练习与实训

一、思考与讨论

1. 秘书学界有一种通俗的说法：高级秘书是动脑子出点子的；中级秘书是动手摇笔杆子的；初级秘书是跑腿办事的。通过本章的学习，谈谈你对以上说法的认识。

2. 目前，社会中有这样一种说法"秘书是吃青春饭的"。你对这样一种说法有何看法。

3. 讨论：秘书与领导的司机、保姆等有什么区别和联系。

二、实训

实训一：资料收集

1. 实训任务

通过阅读图书、网上收集等途径，收集毛泽东、周恩来、陈毅、唐太宗、拿破仑、龙永图和比尔·盖茨等历史名人与秘书的故事。

2. 实训要求

（1）通过网络收集的名人与秘书的资料，将资料复制到 Word 文档，并按照排版规范进行排版，标明资料的出处与来源，最后将收集的资料进行打印。

（2）通过图书、杂志、期刊和报纸等收集的名人与秘书的资料，将内容进行复印，将复印的内容剪裁，粘贴在 A4 纸上，并标明资料的出处与来源。

实训二：演讲"我眼中的秘书职业"

1. 实训任务

通过本章的学习，你对"秘书"这个职业有了一定的了解，对于什么是秘书、秘书的职责、秘书的分类，如何培养秘书角色意识等有了更进一步的认识。请结合你当初选择文秘专业的初衷，进行演讲，演讲主题为"我眼中的秘书职业"或者"我为什么选择秘书专业"。

2. 实训要求

（1）演讲之前必须先写出演讲稿。

（2）演讲内容必须符合演讲主题，必须积极健康，符合秘书职业要求。

（3）演讲时间 5 分钟。

第二章

秘书工作

第一节 秘书工作概述

 案例讨论

刘英大学毕业后到某公司从事财务工作，一干就是三年。她敬业守职，专心干好本职工作，按时上下班，独立工作能力较强，已被领导作为业务尖子培养，并两次被评为先进工作者。刘英性格内向，不善交际，工作时十分专注，很少顾及其他问题；她在生活中受到父母无微不至的关爱，业余时间除了看看书，写点小文章，其他的事情全由母亲包办。公司领导在报刊上经常读到刘英的文章，认为她文字功底扎实又积极肯干，将她调到办公室当秘书。但干秘书工作半年多，刘英感到很不适应，处处不顺手，领导和同事也不满意。

试分析：（1）刘英不适应秘书工作的主要原因是什么？（2）从秘书工作的基本属性进行分析，刘英应做哪些方面的调适？

一、秘书工作的内容

秘书工作是秘书为领导进行有效管理所采取的特殊的辅助工作，是一项内容丰富、种类庞杂的工作。秘书工作既有大量的政务性内容，又有许多的业务性和事务性内容，而且有不断发展和扩大的趋势。

（一）政务性工作

1. 参谋辅助

参谋辅助是秘书在为领导提供近身综合辅助和公务服务中为领导决策出谋献策，提供参考方案及有关依据，或在与领导主辅配合的工作实践中，发现领导行为中的不足、疏漏、失误，及时提出拾遗补阙、纠正错误的建议和规劝。

2. 协调工作

协调工作是秘书在其职权范围内或者在领导的授权下，调整和改善人与人之间、部门之间、工作之间的关系，促使各种矛盾缩小或者消除，提高工作效率，并使各项活动能趋向同步化、和谐化、有序化，以实现共同的目标。

3. 调查研究

调查研究是秘书围绕企事业单位的中心工作，根据领导工作的需要，针对职工关心的问题，通过深入细致的考查、了解和分析研究，了解情况，查明原因，总结经验教训，探求解决问题的办法，为领导的决策提供科学的依据。

4. 信息工作

信息工作是秘书围绕领导活动和组织管理需要开展的对各种相关信息的收集、整理、传递、存储、反馈和利用等一系列目的明确、真实可靠、及时全面的信息服务。

5. 督查工作

督查工作是秘书对决策实施、中心工作和领导交办事项所进行的督促检查，是实现决策目标的重要措施与手段。

（二）业务性工作

1. 文稿撰写

文稿撰写是秘书对各种公文和其他文稿（领导讲话稿、总结、调查报告、新闻报道稿和商务文书等）的起草、修改、审核和校对工作。

2. 文书处理

文书处理是秘书对企事业单位各类文件、电报、信函等的收发、打印、传递、登记、办理、立卷和归档等工作。

3. 档案管理

档案管理是秘书对各类文书档案的收集、整理、保管和利用的工作。

4. 会务工作

会务工作是秘书对各种会议会前的筹划与准备、会间的组织与服务、会后的落实与反馈的一系列工作。

5. 信访工作

信访工作是秘书处理群众来信和来电，接待群众来访的工作，是了解社会情况，获取反馈信息的重要途径。

6. 保密工作

保密工作是秘书对企事业单位内部机要通信和机要文件等的管理工作，是为达到保密目的所采取的一切手段和措施，包括积极防范和认真追查两个方面。

7. 公关工作

公关工作是秘书为协调、加强本单位与外界，特别是与社会公众的联系，通过种种手段和媒介宣传本单位的情况，树立良好的组织形象所开展的工作。

（三）事务性工作

1. 接待工作

接待工作是秘书对公务活动中的各类客人和来访者的迎送、接洽、招待和服务工作。

2. 日常事务

日常事务是秘书所承担的企事业单位内部的值班、保卫、后勤、印信、办公用品与设备的管理以及领导临时交办的事项等各类事务性工作。

3. 通信联络

通信联络是秘书所承担的公务电话的处理、邮件的收发、公务信件的往来等各类联络性工作。

4. 随从工作

随从工作是秘书在跟随领导外出期间，为保证领导顺利开展工作所从事的一切服务性工作。

二、秘书工作的性质

关于秘书工作的性质，历来各家就有许多不同的看法和相异的归纳，但概括起来大致有以下七个方面。

（一）工作位置的政策性

秘书的工作位置决定了其具有很强的政策性。秘书工作的全部内容几乎都与政策紧密相关。评价秘书工作好坏的一条重要标准，就是要看其是否正确地贯彻执行了党和国家的方针、政策。不仅党政机关的秘书工作具有政策性，企事业单位（包括三资企业、民营企业）的秘书工作也都具有政策性。因为企业行为必须要符合政府制定的政策，所以企业秘书为领导出谋献策时就必须熟悉国家的相关政策。

（二）工作形式的事务性

在秘书的整体工作中，事务性的工作可以说是占了相当大的比重。秘书每天都要处理大量的繁重而又琐碎的事务，秘书的工作总是与"细"、"繁"、"杂"、"忙"连在一起的，之所以辛苦，是与其事务性分不开的。秘书的工作，除了值班、保卫、后勤、印信、办公用品与设备的管理以及接待、通信、随从等明显属于事务性的工作外，其他具有政务性和业务性的工作实际上也包含有大量的具体事务。

（三）工作内容的综合性

秘书工作同其他职能工作不同，不是单纯分掌或者主管某一领域的业务工作，它围绕领导工作运转，凡领导工作所涉及的领域，秘书工作都可以涉及，是涉及全局的、全面的、综合的工作，具有综合性。这就要求秘书不仅要具备较广的知识面和多方面的技能，还要善于从领导的角度观察问题、考虑问题，站在全局的立足点上，传达上情，通报下情，内外疏通，各方平衡，卓有成效地发挥自己的综合统筹职能。

（四）工作作用的辅助性

秘书机构不是自成一家、独立决策的部门，秘书活动的主要内容就是辅助领导完成工作。就像月球围绕地球运转一样，秘书工作也要始终围绕着、从属于领导和领导工作，失去了领导，秘书和秘书工作也就失去了存在的条件。秘书要及时、主动、周密地辅助领导工作，积极地充当领导的"手足"和"耳目"。秘书必须要准确地领会领导的意图，遇事

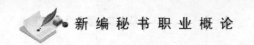

多请示、多汇报，这样才能当好领导的参谋和助手。

（五）工作职能的服务性

秘书工作也是一项服务性的工作，不仅要为所在企事业单位的领导服务，为所在企事业单位的其他部门服务，也要为所在企事业单位的下级和群众服务。因此，要求秘书既要当领导的好助手，又要当群众的贴心人，做到大事不误、小事不漏，全面细致地做好自己的本职工作，以此提高领导乃至全单位的工作效率和工作质量。

（六）工作范围的机密性

秘书工作是一项机密性很强的工作，这是由秘书部门处于领导中枢的辅助地位决定的。因为贴近领导，所以秘书知密多、知密早、知密深。因此，要求秘书要有很强的保密观念，养成良好的保密习惯，不得失密、泄密，对保密事项要做到"守口如瓶"、"慎之又慎"，不给工作造成不必要的损失甚至危害。

（七）工作效果的潜隐性

秘书工作的潜隐性决定了其劳动成果和价值都融于领导行为和组织活动之中，不单独表现为秘书自己的劳动成果。秘书工作具有幕后、台下的性质，不显山，不露水，为领导演戏搭台、敲锣擂鼓。光环和荣耀永远属于领导，默默无闻、无私奉献才真正是秘书的品质和情怀。

三、秘书工作的作用

（一）助手作用

秘书直接为领导服务，直接关系和影响领导的工作，起着助手的作用，这也是秘书工作最基本的作用。秘书发挥助手作用，可以比喻为领导"双手的延长"，这种助手作用的发挥不是一时一事的，而是全天候、全方位的，几乎涉及秘书活动的全部内容。秘书的助手作用发挥得越充分，领导就越能摆脱更多的事务，从而有更多的精力和时间去关注大局，抓好大事。

（二）参谋作用

秘书的参谋作用主要体现在为领导的决策提供准确完整的高质量信息和决策事项的备选方案方面。秘书应经常向领导提供准确的信息、资料和文件等决策依据，并积极向领导提出工作建议和决策预案，辅助领导进行决策。秘书发挥参谋作用，可以比喻为领导"头脑的拓展"，这是领导对秘书高度信任的表现，也是对秘书工作提出的高要求。所以，秘书要做到思想活跃、善于思考、敢于探索、勇于创新，更好地发挥参谋智囊作用。

（三）桥梁作用

秘书部门处于领导与职能部门、下级单位之间的枢纽位置，起着下情上达、上情下传、沟通左右、联系内外的桥梁作用。秘书发挥桥梁作用，可以比喻为领导"喉舌的延伸"。秘书要运用各种工作方式和手段，在单位与单位之间、部门与部门之间、个人与个人之间进行联络、沟通、协商、平衡、调解，使之消除隔阂，解决矛盾，目标统一，步调一致，密切合作，同心协力，以达到最佳工作效果和最高工作效率。

（四）信息作用

信息是管理和决策的基础，为领导提供信息成为秘书的重要职责之一。秘书发挥信息作用，可以比喻为领导"耳目的扩充"。作为秘书，必须要树立"眼观六路，耳闻八方"的信息意识，做到眼尖、耳灵、心细、腿勤，多渠道地收集信息，并善于对信息进行鉴别和提炼，去伪存真，去粗取精，及时将有参考价值的信息提供给领导。

（五）督查作用

督促检查是保证领导决策目标得以顺利实现的必要措施，在领导的授权下秘书开展好督查工作也逐渐成为秘书的一项重要职责。秘书发挥督查作用，可以比喻为领导"眼神的延续"。无论是党政机关还是公司企业，领导决定的事项都需要秘书部门督查工作的跟进，因此，督查也成为当前秘书工作应该强化的一项重要作用。

（六）窗口作用

秘书工作是一个企事业单位与各方面联络、接洽的"门面"和"窗口"，反映了这个组织的工作作风和领导水平的高低优劣，对于树立组织的良好形象影响很大。秘书发挥窗口作用，可以比喻为领导"脸面的美容"。

 阅读材料

电视连续剧《忠诚》：河阳市市委书记高长河刚刚上任时，有一位老奶奶（老上访）要求反映一些问题，被秘书挡住了，但高书记亲自在会议室接待了她，并亲自给她泡茶。老奶奶非常有条理地提出她所要反映的问题，分十二项内容，每项内容又分几个方面，第一项没讲完就已经过去半个多小时。秘书一看情形不对，急忙想出一个办法，叫高书记接一个重要电话，然后自己去接着听老奶奶的反映。

试分析该秘书的做法是否合理？

对于该秘书的做法，应具体问题具体分析。

1."老上访被秘书挡住了"反映出该秘书没有坚持信访工作的原则，同时也没有按照来访程序处理。

（1）信访工作原则之一——对无理取闹者批评教育：如果能接受批评教育，不再无理取闹的，不予追究；对经教育无效者，会同公安机关予以教育和制止；如有违法行为的，可送公安司法部门依法处理。

（2）关于群众来访处理：要做好来访的登记工作；接待要热情、耐心、诚恳；内外有别，注意保密；出现特殊情况，要做特殊处理。

所以，该秘书不应该简单粗暴地把来访者挡在外面。

2."让高书记接重要电话,自己接着听"反映出秘书在领导活动中的参谋作用和助手作用。领导的精力和时间是有限的,必定需要秘书帮助他处理一些事务。

所以,该秘书履行了自己的职责,当好参谋和助手,随机应变,为领导挡驾。①

第二节

秘书的一天

 案例讨论

邱秘书的一天

邱秘书是立达公司总经理办公室秘书。这是7月的一个星期三。

8:20,邱秘书来到公司。她要提前10分钟左右到达公司,以便做好上班前的准备工作。她先打开总经理办公室的窗户通风,然后将空调调到适宜的温度。接着开始整理总经理的办公桌,将文件放整齐,并将废纸篓中的垃圾倾倒干净。之后,她回到自己的办公室,擦拭桌面和文件柜,并用酒精擦拭电话送话器和传真机的磁头。

8:30,总经理来上班,邱秘书起身与总经理打招呼,并立即送上一杯咖啡。然后,邱秘书在电脑前录入一份总经理下午谈判需要的合同。这时行政部经理助理王小明带着行政部经理已签字的报销单,要求邱秘书报销出租车票,邱秘书用掌握的零用现金为她报销。

10:10,合同录入完毕,邱秘书将其打印并交给总经理。此后,她到公司收发室取回今天的邮件,将其分类、折封后装入文件夹。这时桌上的电话响了,是上海君达公司总经理的秘书来电话,商量下周一行四人来立达公司洽谈业务事宜。邱秘书将其电话转给了总经理的高级秘书林丽来处理。这时,腾达公司的公关经理来访,他要求见立达公司的张副总经理。邱秘书告知张副总经理出差了,下周一回来,如有需要可以提供帮助。来客说下周再来。邱秘书将客人送至电梯口待电梯门关闭后返回办公室。

11:10,邱秘书接到总经理的高级秘书林丽的电话,要她安排君达公司来客的食宿。邱秘书问清楚对方四人中有几位女士和飞机到达的确切时间后,立即打电话向宾馆联系客房。这时,张副总经理从西安打来电话,告知他的手提电脑被盗,所有文件丢失,让邱秘书帮他查找相关文件并立即传真给他。

---

① 资料来源:职业培训教育网。

12:10，邱秘书将下午要打的电话记在台历上，然后去公司餐厅就餐。

14:00，邱秘书按总经理的高级秘书林丽的安排给分公司的经理发了关于召开分公司经理会议的通知。然后，把电话记录本拿出来，将下午要打电话的号码、内容、接电话人记录在电话记录单上，逐一打电话。根据工作日志的安排，下午是办公室用品发放时间。她按时来到保管室。几个部门的人员来领取了复印纸、信笺、打印机墨水和文件袋等办公用品。邱秘书将其写入发放登记簿，并且清点了库存的办公用品，查看账面余额和实物是否相符。离开保管室时，她还检查了一遍门窗是否关好，然后离开。

16:00，邱秘书返回办公室，她将今天处理完的文件和邮件按照文书立卷的要求将其分门别类地装入不同的案卷中。邱秘书的文件柜，尽管文件装得很满，但井井有条，找文件十分方便。每年文件归档时，邱秘书都按时将一年的文件案卷整理好交到档案室归档。

17:20，总经理的高级秘书林丽将一份紧急文件拿来要邱秘书复印，邱秘书迅速复印完后，拿出登记簿将复印情况登记在册。

下班前，总经理临时安排打印两份急件，由于内容不多，邱秘书很快完成。

18:00，公司下班时间到。邱秘书检查了门窗是否关严，文件柜是否上锁，每一台电脑是否关机，最后关了办公室的总电源，把门锁好后离开办公室。

试分析：通过上述案例，请你谈谈秘书工作有哪些内容？

一、工作时间之内

（一）整理办公场所

秘书上班的第一件事情就是整理办公场所，为领导、为自己创造一个优美的办公环境。优美的办公环境不仅可以提高办公效率，而且可以提升企事业单位的形象和领导的形象。

当然，不是说企事业单位的每一个角落都归秘书整理。秘书负责整理的办公区域可分为个人办公区、领导办公区和公共办公区等三个区域。

（二）汇报工作安排

秘书的一项重要工作是帮助领导管理时间，具体到每一天就是根据需要安排领导的日程，使领导的工作紧张有序。每天一上班，秘书必须提醒自己的领导今天有哪些工作安排。

同时，秘书经常会遇到超越自己职权的事情，可以利用汇报工作的时机适时请示，秘书要养成多请示的职业习惯，学会善于请示的艺术。

（三）处理日常事务

秘书的日常工作多而繁杂，主要包括应答电话、接待客人、收发文件、管理邮件、撰写文稿以及领导交办的临时性事务等（具体内容详见本章第一节中"秘书工作的内容"）。

 阅读材料

他们眼中的秘书[①]

人力资源总监看秘书

  秘书是非常辛苦的工作，好多时候都是跟着老板转，从业者既要保持热情、细心和条理性，又要处理好因工作时间冲突而引起的家庭矛盾。

  微软中国区人力资源总监康颖涛先生：优秀的秘书应该能够成为高层决策者的左右手，能够在没有监督的情况下，独立处理决策者的一些事务；帮助高层更有效地利用时间，在公司员工和高层之间搭建一个有效的桥梁，创建一个和谐的沟通环境。

  科龙集团人力资源总监彭玉冰先生：优秀的秘书其实就是老总的助理，她/他所展现的在某一层面来说，就是老总或者是一个企业的形象。

  安利中国人力资源总监饶俊：秘书是站在老板/老总身后的那个人，她/他有机会接触公司的各种业务，综合技能提高得会很快。同时他们也是老板最信任的人，一旦有职位的空缺，老板首先会想到"秘书"，所以说，秘书晋升的机会更多。

秘书看自己

  在一般人眼里，秘书是一份闲差事，是上司随叫随到的跟班，但俗话说"好花还需绿叶扶持"，一个好秘书不但可以配合上司唱好戏，还可以唱一出感人肺腑的戏。

  广州市友谊对外服务公司秘书朱穗华：当秘书的，干得好不会受到好评，稍有不妥便会惹人非议。但秘书却要有这样无私的胸襟，成为上司不可缺少的左右手。秘书是上司的代言人，一言一行都带着上司的影子，因而如何处理好公共关系都直接影响上司的形象。

二、工作时间之外

  事实上，秘书的一天不仅仅局限于正常的工作时间段，秘书的工作特点决定秘书的一天具有前引性和后续性，其工作时间之外也往往是"分内时间"。

（一）秘书上班之前

1. 回顾前一天的工作

（1）哪些工作尚未完成。

（2）哪些工作已经完成但还不够满意。

（3）哪些工作已经完成而且比较满意。

[①] 资料来源：广东新闻联播·南方网。

2. 考虑今天的工作

（1）如何承接尚未完成的重要事项。

（2）如何分步实施当日计划的紧急事项。

（3）如何顺便处理重要而不紧急的事项。

3. 修饰个人仪表

秘书的个人形象直接关系企事业单位的形象和领导的形象。为了给人以美好的印象，秘书应在上班之前对自己的仪表略加修饰。

修饰个人仪表主要是：检查头发是否梳理，面部是否修整，指甲是否剪过；着装是否得体，领带（结）是否清洁，鞋子是否干净；化妆是否适中，首饰是否必要等（具体内容详见第五章"秘书职业形象设计"）。

4. 先于他人上班

在一般情况下，秘书至少要比其他人提前20分钟到达办公室。秘书提前到办公室，主要是整理办公室，做好领导、同事和自己工作的准备。

秘书到达办公室后的第一件事就是对着镜子迅速地检查自己的仪容仪表，如看一下头发是否乱了、脚上的鞋子是否脏了等。

每天上班之后，秘书要对领导和自己的办公室进行整理。早晨整理领导的办公室时要做好以下工作。

（1）打开空调，调节温度，并注意换气。

（2）擦拭写字台和衣帽架等家具上面的灰尘。

（3）给领导削好铅笔，补充好办公用品（如别针、夹子等）。如果铅笔、钢笔等在笔筒里摆放不规整的，应该把它们码放好，并排朝手一边，以提高工作效率。

（4）注意定期给办公室的花卉浇水。如果摆放的是鲜花，到一定的时候要请花木公司的人来更换。

（5）领导进办公室后，应根据其习惯或者爱好，给领导沏茶或者泡咖啡。

（6）把当天早晨收到的报纸杂志、信函送给领导。

（7）确认纸篓里没有剩余的垃圾。

（8）确认钟表和日历是否指示正确。

在整理完领导的办公室之后如果时间还有富余，秘书可以松弛一下自己的心情，坐在办公桌前喝点咖啡或者茶，顺便上网浏览一下新闻或者看看报纸。除了时政要闻，秘书要多关心本行业的新闻。秘书还要检查一下昨天自己下班后有没有送来的文件，再在头脑中确认领导今天的日程安排等。

（二）秘书下班之后

1. 工作加班

一个好的秘书应该做到每天无未尽事宜，日事日清，除非临近下班时的突发事宜。下班后的未尽事宜按照轻重缓急来分别处理，一般分为紧急重要、紧急不重要、重要不紧急、不紧急不重要四类，紧急事情不管是重要或者不重要都得马上做，这样就得要求加班了。不紧急的事可以拟订计划于第二天一早先处理重要的，再处理不重要的。

下班后除了加班完成未尽事宜和突发事件处理，秘书还要对第二天的工作有一个初步的安排。在加班完毕，秘书还要检查一下办公室的水电是否关闭、门窗是否锁好。

2. 社交应酬

有时候，因工作需要，秘书下班后会跟随领导、同事参加应酬。在参加应酬时，秘书应该做好以下工作。

（1）提前安排车辆，领导动身之前，秘书要首先通知司机，请司机在指定的地点等候，以保证领导准时参加应酬活动。

（2）及时进行联络，领导于何时、何地、与何人交往，秘书均应及时与对方取得联系，如果需要多位领导参加，秘书要逐一通知，以做到万无一失。

（3）注重修饰个人仪表。在领导动身前，秘书要利用有限的空间和时间对自己的头发、面部、着装和首饰等略加修饰。

负责领导的安全，一般企业领导外出参加社交活动，无警卫，无保安人员随从。此时的秘书兼有负责领导人身安全的义务，警惕防止意外情况的发生。

 阅读材料

我与秘书岗位的初恋感觉①

说句实在话，接触秘书这个岗位，不过两年有余，其中有一年还是在乡镇机关。我是2008年5月才进入检验检疫系统并从事秘书工作的，感觉犹如谈了一场初恋，犹如喝完一口酸饮，犹如啃下一块青苹果，懵懵懂懂，酸酸甜甜，回味无穷。

初恋的感觉朦胧而真实。坚实的文字功底是秘书的首要条件。而我，可能跟文字有点缘分吧，读书时代做了12年语文课代表，大学毕业后做了11年中学语文教师，不过就是写写教学论文、教学心得，出了几本诗集，仅此而已，那时候不知道啥叫秘书。2006年7月至9月，张家港市委办、市委组织部、市政府办、市委研究室联合在复旦大学举办了为期三个月的全市中青年干部文秘研修班，我有幸参加了培训，之后才明白秘书的真正含义，才懂得秘书这个岗位的苦累。记得进入张家港检验检疫局给袁局长写的第一篇稿子是在全省系统半年度工作会议上的讲话稿。我一次次往业务部门跑，一次次向办公室张主任请教，一次次与袁局长沟通，六易其稿，终获通过。后来我把该文充实成调研报告，发表在《中国检验检疫》2008年第11期上。就是这次经历，我对秘书工作看得更加清楚，了解更加透彻，感觉更加真切。

初恋的感觉酸中带涩。从陌生到认识，从认识到熟悉，磨合是必须的，摩擦也是难免的。有时，由于对涉及的领域不够熟悉，对材料的背景不够了解，对叙述的语气把握不好，写出来的材料就重点不突出，抓不住要害，言之无物，空洞乏味；有时对领导的意图没有完全领会，虽然洋洋洒洒写了一大堆，但往往事与愿违，被领导"枪毙"推倒重来；有时由于一时的粗心大意，诸如材料校对有硬伤或者标点符号的低级错误，则很有可能造成不良影响。但往往成大事者，必经细节的磨炼。陆游在《冬夜读书示子聿》

---

① 资料来源：中国质量网，作者施向军。

中说：纸上得来终觉浅，绝知此事要躬行。人往往会在错误中积累经验。《大学》曰：知至而后意诚，意诚而后心正，心正而后身修。先知告诉我，学习是解决自身不足的根本。大千世界，纷繁芜杂，日新月异，不与时俱进如何把住时代的脉搏？作为一个秘书，尤须博览群书，向先贤学习；广交良缘，向益友学习；遍历山川，向造化学习。总之，要格物致知，善学多思。

  初恋的感觉苦中带甜。与枯燥的文字打交道，放眼四海，有几人欤？秘书的苦，也只有自己知道，还有办公室的灯知道，那满满一盒的烟屁股知道。"昨夜西风凋碧树。独上高楼，望尽天涯路。"熬夜是秘书的必备之技；"衣带渐宽终不悔，为伊消得人憔悴。"没有追求不行啊，至少得为饭碗着想吧；"众里寻他千百度，蓦然回首，那人却在灯火阑珊处。"苦尽甘来，也只有此时，才会享受到成功的丝丝快意。苦与甜是相对的，如果没有过程的艰辛，就不可能有完美的结局。过程越是艰辛，成绩就愈显得来之不易，越会倍加珍惜。她的一嗔一怒，都让我郁郁寡欢，寝食难安；她的一颦一笑，都让我心潮澎湃，难以忘怀；她的一言一行，都让我铭记于心，刻骨一生。当领导要求严格时，我竭尽所能、绞尽脑汁、苦思冥想，务求立意新颖、结构合理、简明扼要、通俗易懂、具有文采；当时间要求紧迫时，我集中精力、废寝忘食，动员一切可以动员的力量，全力追赶时间的脚步，务求提纲挈领、要点突出、措施明确、语句通顺；当工作任务繁重时，我精心策划、统筹安排、分工协作，分清主次关系，明辨轻重缓急，务求让领导满意、同事放心、自己提高。一篇篇材料的圆满完成、一件件任务的顺利落实，一句句领导的肯定话语，都是我享受甘甜的源泉，成为推动我今后工作的强大动力。

  初恋是短暂的，也是难忘的。前途是光明的，道路是曲折的。《老子》说：生而不有，为而不恃，功成而弗居，夫唯弗居，是以不去。我很真实地感受到，目前我们已进入热恋阶段，我想，"结婚"是迟早的事，到那时，我会欣赏其优点，容忍其缺点，在秘书岗位上分享工作的酸甜苦辣，人生的喜怒哀乐。

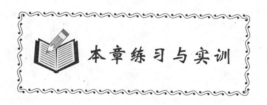

本章练习与实训

一、思考与讨论

  1. 在正常情况下，双休日和节假日应由秘书自行支配，可是在秘书界有这样一种说法：秘书无休息日。双休日、节假日加班对秘书来说是常事。有人说这侵害了秘书的权利，违反了有关法律。你如何看待这个问题，请谈谈你的想法。

  2. 讨论：有人这样描述秘书的一天：打不完的电话；磨不完的嘴；写不完的文章；跑不完的腿……对于这样的描述你有何感想？

二、实训

1. 通过本章的学习，你对秘书职业有何新的认识，它和你心中想象的一致吗？请以班级为单位，组织一次"我心目中的秘书"的征文活动。

2. 通过本章的学习，将班级同学分成几组，3人或4人一组，深入企业，采访企业一线秘书，通过采访了解现代企业秘书的工作内容。

要求：采访过程要进行全程摄像，将采访的主要内容形成采访稿，按照规范进行排版打印。

第三章

秘书的资质

第一节

秘书的修养与职业道德

案例讨论

一名大学生到一家著名的外资企业去求职，很快被录用了。公司的员工对此很惊诧，问公司的总裁为什么。总裁说："你们没有注意到吗？他在门口蹭掉脚上的土，进门后随手关上了门，说明他做事小心仔细。当他看到那位残疾人时，他立即起身让座，表明他心地善良，体贴别人。进了办公室他先脱去帽子，回答我所有的问题干脆果断，证明他既有礼貌又有素养。""其他所有人都从我故意放在地上的那本书上迈过去，而他却俯身拣起那本书，并放在桌上。当我和他交谈时，我发现他衣着整齐，头发梳得整整齐齐，指甲修得干干净净。有这样小节的人难道不该用？"

试分析：从上述案例中可以看出秘书应该具备哪些素养？

一、秘书的理论修养

秘书是为领导工作服务的，其自身修养直接关系领导工作的效率和质量，关系党的路线、方针、政策的执行，这就决定了秘书必须具备一定的理论基础和理论水平。因此，加强理论学习和理论修养是秘书的必修课。

首先，秘书应该认真学习马列主义、毛泽东思想、邓小平理论、"三个代表"重要思想、"科学发展观"以及党和国家领导人的重要文章和讲话，了解马克思主义在中国的运用与发展，掌握辩证唯物主义和历史唯物主义的观点和方法，学会分析事物的发展规律。另外，秘书还要学会调查研究、实事求是、走群众路线等工作方法，这样才不会在改革开放的新形势下迷失方向。

其次，秘书还要加强经济理论的学习，提高经济理论修养。秘书的相当一部分工作都直接或者间接地与经济工作有关。随着改革开放的深入，各级领导都在抓经济，因此，作为领导的参谋和助手的秘书也必然与经济打交道。秘书要做好本职工作，当好领导的参谋和助手，就要有经济理论的指导，不断提高自己的经济理论水平。

最后，秘书要加强专业学习，提高业务理论修养。秘书作为一种职业，为搞好秘书工作，必须加强专业学习，具有较高的秘书业务理论修养。秘书业务理论一般包括两个方面：一是有关秘书学的基本原理和基础知识；二是有关秘书实务的知识和技能，从而构成了这一专业领域完整的业务理论知识体系。

二、秘书的工作作风

作风是指人们在思想上、工作上和生活上表现出来的态度、行为。作为秘书，在思想作风上，要实事求是，谦虚谨慎；在工作作风上，要雷厉风行，一丝不苟；在生活作风上，要有礼有节，落落大方。

（一）实事求是，谦虚谨慎

实事求是是做好一切工作的基本条件。秘书的工作性质和特点决定秘书经常接近领导，有机会接受企事业单位和领导的委托，到下级单位传达领导的指示，检查工作，听取汇报等。因此，秘书一定要摆正自己的位置，充分认识自己所处的特殊地位，时时处处严格要求自己，特别注意谦虚谨慎，不能有任何特殊感、优越感。这就要求秘书首先在思想上树立平等观念，对上尊重，对下谦虚，绝不盛气凌人，盲目自大；其次，要虚心向群众学习，注意文明礼貌，和蔼待人，尽心尽力帮助群众解决问题，坚决杜绝"人难见，脸难看，话难听，事难办"的官僚作风。

（二）勤奋刻苦，乐于奉献

秘书的任务繁重，生活清苦，但岗位重要，责任重大，这就要求秘书具有勤奋刻苦、乐于奉献的作风。成就、才能、效率都来自勤奋，具体要做到"四勤"。

一要勤看。

该看的文件材料都要看，报纸杂志上的重要文章报道要勤看，电视新闻要勤看，各方面的新情况要勤看。

二要勤问。

属于工作范围的，情况不明的要勤问，拿不准的问题要勤问，不懂的事情要多问。要抱着"人皆吾师"的态度不耻下问。

三要勤记。

秘书工作事务繁忙，不要过分相信自己的记忆力，要多动笔，勤记录，随身带一个笔记本，建立要事卡片，注意积累各种资料。

四要勤想。

秘书工作具有较强的思想性，秘书只有勤奋动脑、多思考才能做好工作。

另外，秘书还要有吃苦精神，做秘书工作，不能按部就班，不能分分内分外，不能分八小时内外，不能分白天黑夜。秘书必须随时处于应急状态，一旦领导交给某项工作任务，就要加班加点，连续工作，保证按时完成，怕苦怕累是做不好秘书工作的。

（三）讲究效率，做事严谨

秘书必须树立强烈的时效观念，在办理任何一件事情时，都要从每个环节上以最快的时间、最高的效率去运转。

第一要快速。

在秘书工作中，领导临时交办的任务多，时限性要求高，秘书要发扬雷厉风行的作风才能按时完成任务。为此，秘书须增强责任心，树立高度的时间观念，努力提高快速反应能力，坚决克服拖拉作风。

第二要准确。

准确是秘书工作的生命。秘书为领导提供不准确的或者失真的信息，就会导致领导决策的重大失误，造成不可挽回的影响。因此，秘书一定要准确理解领导意图，准确提供各种信息和资料，准确使用各种数据事例，准确使用文字表达等。

第三要细致。

"秘书工作无小事"，每一项具体工作都关系整个企事业单位的实际工作，都关系企事业单位的切身利益，因此秘书工作必须认真细致，否则容易出现纰漏和误差。这就要求秘书要有不厌其烦的韧性，有精益求精的态度。

第四要谨慎。

谨慎的工作作风主要是指严密，包括：办事程序要严密，不能出漏洞；撰写文件要严密，不能东拉西扯，逻辑混乱；考虑问题要严密，不能顾此失彼。

（四）清正廉洁，洁身自好

秘书职业没有领导权，却隐含领导权力。这一特征既为秘书部门开展工作创造了极为有利的条件，也可能会为个别秘书以权谋私提供方便。如果秘书的思想品质不纯洁，不能正确看待和运用这种隐含的权力，就可能违法乱纪。身贴权力工作的秘书，必须在廉政上严格要求自己，在思想上筑起拒腐防变的坚强防线。

一要行为端正。

秘书要廉洁自律，不以工作之便和凭借领导名义为个人办私事，谋私利；不违反组织原则，插手人事等热点问题；不参与经商活动或者找借口为亲友从事此类活动牵线搭桥提供方便，不收受非正常的礼品、礼金和参加可能对公正执行公务有影响的宴请；不向机关和基层索要钱物和违反规定报销个人开支；不用公款请客送礼，不通过关系安排亲属公费旅游；不在涉及廉洁问题上违背领导意愿，乱开口子，给领导帮倒忙。

二要置身于组织管理监督之中，自觉慎独。

秘书，特别是领导专职秘书经常处于分散独立活动状态，因此必须强化慎独意识，努力提高自我管理能力和自我约束能力，把自己自觉地置于组织管理和监督之中，在任何情况下都不能以任何理由搞特殊，始终保持和发扬清正廉洁的作风，以自己的模范行动树立和维护秘书职业的良好形象。

三、秘书的职业道德

职业道德又称行为道德，是指从事一定职业的人在职业活动中应遵循的道德规范和行为准则，以及相应的道德观念、情操和品德。

秘书由于其工作性质和特点所决定，除应具有高尚的政治品质、思想品质和道德品质外，还对其职业道德有着明确而具体的要求。秘书的职业道德是规定秘书在职业活动中的行为规范。秘书职业道德的修养主要是指职业责任、职业纪律、职业情感以及职业能力的修养。秘书必须具备的职业道德修养包括以下九个方面。

（一）忠于职守，爱岗敬业

忠于职守，热爱本职，这是每一种工作职业道德的一条主要规范。秘书应该忠于秘书这个特定的工作岗位，自觉履行秘书的各项职责，认真辅助领导做好各项工作。同时秘书要认清自己所从事工作的地位和作用，增强做好本职工作的责任感和事业心，不断提高自己的服务水平，不擅权越位，不掺杂私念，不渎职。

（二）跟从领导，当好参谋

跟从领导，这是由秘书职业性质所决定的。作为领导工作的参谋和助手，应当严格按照领导的指示和意图办事，离开领导自行其是、别出心裁，这些都是职业道德所不允许的。秘书个人的积极性和创造性只能在服从领导的前提下发挥（更多地限于建议、献策等方面）。其中特别要注意，不能用个人不成熟的想法甚至情绪化的意见去影响和干扰领导的工作及决策。当好参谋，就是要发挥参谋作用，为领导出谋献策。在领导决策民主化、科学化的今天，尤其要求秘书改变以往办事即是称职的旧观念，要提高参谋意识和能力，树立不能出谋献策者就不是好的秘书的新观念。

（三）兢兢业业，甘居幕后

兢兢业业，甘居幕后，甘当无名英雄，就是要求秘书埋头苦干，任劳任怨。秘书的工作性质决定其工作主要是实干。秘书要围绕领导的工作来展开活动，要求招之即来，来之能干，在具体而紧张的工作中，脚踏实地，密切联系实际和群众，不计个人得失，有着吃苦耐劳甚至委曲求全的精神。

（四）谦虚谨慎，办事公道

热情服务，谦虚谨慎，应是秘书具有的美德。秘书不能因为在领导身边工作而自命不凡、自以为是，要平等地同各职能部门商量工作，虚心听取他们的意见，在工作中要善于协调矛盾，搞好合作，办事要公道正派。秘书对领导、对群众都要一视同仁，秉公办事，平等相待。切忌因人而异，亲疏有别，更不能看来头办事情。只有公道正派的秘书才能做到胸襟宽阔，在工作中充满朝气和活力。秘书要把为领导服务，为本单位各职能部门服务，为群众服务当做自己的神圣职责，要充分认识自己所从事的工作所具有的重要作用。

（五）遵纪守法，廉洁奉公

遵纪守法、廉洁奉公是秘书职业活动能够正常进行的重要保证。遵纪守法是指秘书要遵守职业纪律和与职业活动相关的法律、法规。廉洁奉公是高尚道德情操在职业活动中的重要体现，是秘书应有的思想道德品质和行为准则。它要求秘书在职业活动中要坚持原则，不利用职务之便假借领导名义以权谋取私利，不搞你给我一点"好处"，我回报你一点"实惠"的所谓"等价交换"。要以国家、人民和本单位的整体利益为重，自觉奉献，不为名利所动，以自己的实际行动抵制和反对不正之风。

（六）恪守信用，严守机密

秘书恪守信用，就是要遵守信用、遵守时间、遵守诺言，言必信，行必果。秘书要严格遵守时间，领导找秘书汇报工作，秘书不准迟到。秘书自己安排的会议或者会谈，自己要事先到场，并做好一切准备工作。秘书要严格遵守诺言，一经允诺的事情就要尽力办到，遇到曲折变化，要事先说明原因，使人信服。同时，秘书还要做到严守机密。秘书工作一个显著的特点就是掌握的机密较多，因此，要求秘书必须具备严守机密的职业道德，自觉加强保密观念。

（七）实事求是，勇于创新

秘书要坚持实事求是的工作作风，一切从实际出发，理论联系实际，坚持实践是检验真理的唯一标准。秘书工作的各个环节都要求准确、如实地反映客观实际，从客观存在的事实出发。秘书无论是收集信息、汇报情况、提供意见、拟写文件，都必须端正思想，坚持实事求是的原则。在工作中，切忌主观臆断、捕风捉影，分析问题必须从客观实际出发，既不唯领导是听，也不唯"本本"是从。同时，作为领导的助手——秘书更应具有强烈的创新意识和创新精神，要求不空谈、重实干，在思想上是先行者，在实践上是实干家，不断提出新问题，研究新方法，走出新路子。

（八）刻苦学习，提高素质

作为新时期的秘书，是否具有良好的素质是做好自身工作的关键，也是评价其工作是否称职的基本依据。因此，秘书必须刻苦学习，努力提高自身的思想素质。秘书工作头绪繁多、涉及面广，要求秘书有尽可能广博的知识，做一个"通才"和"杂家"。现代社会科学技术的发展突飞猛进，知识更新速度加快，因此，秘书应该具有广博的科学文化知识以适应工作的需要。

（九）钻研业务，掌握技能

从发展的角度看，新时期的秘书必须努力钻研业务，要了解和掌握与秘书工作有直接关系或者间接关系的各项技能，从而成为一名合格的、称职的秘书。

第二节

秘书必备的知识和能力要求

案例讨论

华荣公司和一家通信辅助设备制造公司有着业务往来，双方一直密切合作，并且合作前景良好。这天，华荣公司的总经理终于得到了与该制造公司的老总见面的机会，并约好晚上一起吃饭。下午，总经理就晚上见面的事与秘书小赵商量。

> "听朋友说，对方公司大老板的酒量很大，今天得有人陪他喝酒才能尽兴。我原准备让研发部的刘主任一起去，但他太书生气，不会喝酒。除了销售部的王主任，你看还让谁去比较合适？"总经理兴致盎然地问着小赵。
>
> "我不知道呀，您定吧！"小赵诚恳而有礼貌地回答。
>
> 听小赵这么一说，总经理兴致陡降。接着他指着制造公司的宣传样本问："这个上面写的'sp'（指内容提供商）是什么意思？"
>
> "对不起，我是学中文的，也不懂'sp'是什么意思。"小赵实事求是地答道。
>
> "好吧，你出去忙吧！"总经理明显得很不高兴。
>
> 回到办公室，小赵闷闷不乐，她一直在思考自己应该怎样回答总经理的问题才能让他满意呢？
>
> 试分析：小赵的困惑应该怎样解决？

一、秘书工作的必备知识

知识是实践经验的结晶，是认识活动的成果。知识可分为两大类：一类是关于自然科学的知识，它是生产实践经验和科学实验的总结；另一类是关于社会科学的知识，它是社会实践经验的总结。作为现代秘书，不仅要具备较高的知识水平，而且还要有合理的知识结构。对于一个秘书来说，一个完整、合理的知识结构应该有三个方面，即基础知识、专业知识和相关知识。

（一）基础知识

基础知识是秘书通过学习，建立专业知识和辅助知识大厦的基石，也是掌握业务技能的前提条件。秘书应具备的基础知识如下。

1. **科学文化知识**

科学文化知识包括语文、数学、历史、地理、逻辑和英语等。秘书特别要注意语言文字和历史知识的提高，重视历史知识的学习，可以让自己透过历史的现象抓住内在的规律和本质的东西。

2. **政治哲学知识**

政治哲学知识主要包括哲学经济学以及现代科学方法论知识。这部分知识可以帮助秘书解决政治方向和思想方法问题。学习政治哲学知识就是要使秘书树立正确的世界观和方法论，能运用科学的立场、观点和方法去分析问题、解决问题。

3. **法律政策知识**

法律政策知识是秘书必备的知识，包括党的路线、方针、政策和国家的宪法、法律、法规、法令等相关的知识，特别要注重后者的学习，因为它是在平时的工作中接触最多的知识。由于法律政策知识较多，秘书应当根据工作需要，在掌握一般的法学理论和政策理论基础之上，有针对性地学习与自己的职业活动有关的法律政策知识。

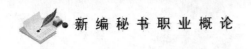

4. 外语知识

外语知识是现代秘书人才必须掌握的基础知识,随着我国在政治、经济、文化等领域与国际接轨,对秘书的外语要求越来越高。

(二) 专业知识

专业知识是秘书知识结构的核心,也是区别于其他领域的知识结构的独特的知识体系。

1. 理论知识

理论知识是秘书学和秘书工作总体的理论知识,是秘书胜任本职工作的重要前提,也是秘书工作的基本理论知识,还是秘书工作的指导思想。理论知识包括文书处理、信息处理、档案管理、信息调研和秘书实务等专业理论知识。

2. 业务知识

业务知识包括秘书工作中各个环节的操作常识、基本技能、操作规范和公文的起草等。

3. 行业知识

行业知识是指秘书所处行业的基本知识。秘书所服务的企事业单位都有自己特定的业务活动范围。了解和掌握自己所服务的企事业单位的相关专业知识,能使秘书的工作更具有针对性和科学性,从而名副其实地当好领导的参谋和助手。

(三) 相关知识

相关知识是秘书为适应时代需要、做好工作而应加以进修提高的知识,是秘书知识结构中的较高层次。秘书应当掌握的相关知识包括以下五个方面。

1. 新的学科知识

新的学科知识是指社会科学和自然科学等相关知识,其中包括行为科学、系统论、控制论和信息论等知识。

2. 管理学知识

管理学知识主要包括行政管理、人力资源管理和领导科学决策等方面的知识。

3. 社会交往知识

社会交往知识主要包括社会关系学、公共关系学和人际关系学等知识,以便秘书在工作中能够提高自身的交际能力和信息沟通能力。

4. 心理学知识

心理学知识主要包括普通心理学、领导心理学、管理心理学、社会心理学和人际关系心理学等知识。

5. 社会常识

社会知识主要包括国际知识和国内知识两大部分。

国际知识主要是指当前国际的基本问题、世界格局、政治、经济、军事、思想、科技和文化等方面知识的变化及发展情况。

国内知识主要是指国情、民情、民俗和民风等知识。

 阅读材料

当今世界快速发展，对秘书提出的要求越来越高，这种高要求在职业类别上表现的差异也越来越大。政务秘书必须具备参与政务、辅助领导的主要能力；商务秘书必须具备行业背景和知识背景，要有经济头脑与经济管理知识与能力。

社会需要高素质的秘书。在对"高素质"的理解上人们普遍认为现代合格的高素质秘书应是多方位发展的人才：懂得两三门外语；会计算机操作；能熟练运用互联网；具有组织活动能力、语言组织能力、与人沟通能力，有获得新知识的能力，与团队合作能力。这些都是高素质秘书必备的条件。

人们普遍认为，我国加入WTO，在全球经济的背景下和信息网络技术的作用下，秘书的职能正在发生变化。过去秘书只是打打字，发发文件，可现在的秘书经常要参与制订工作计划，在职权范围内协助处理政务、商务工作，有时还要参与领导决策，秘书已经成为上司直接的或间接的助手。

社会需要高素质的政务秘书，但更需要大批高素质的商务性、实用性秘书，但实际情况远非如此。

近几年，各类人才招聘会上透露的信息表明，许多外资企业、合资企业和国内大中型企业出高薪招揽总裁秘书、行政秘书、经理秘书。广告虽随时可见，应聘者虽多，但满足需求的高素质秘书却仍然难以觅见，这让许多招聘者烦恼不已。例如：

1. 某软件公司对秘书人才的招聘要求：协助公司内部软件开发；负责咨询服务，组织产品及办公自动化的展览会；每年负责组织3～4次研讨会。
2. 某跨国生物工程公司的招聘条件：需要相关的生物工程学历背景。[①]

二、秘书必备的品质

秘书的日常工作虽然是帮领导"打杂"，但其在另一方面又肩负着"企事业单位的形象代言人"的重任，秘书给外人的印象不仅关系着领导的形象，也关系着整个企事业单位的形象。所以，作为优秀的秘书，一定要在工作中有意识地塑造自己的品质。

（一）认真、缜密

"认真"是秘书工作最起码的要求。但是，要想做到"认真"二字也是很困难的。作为职业秘书，不仅要遵守企事业单位的规章制度，而且还要比一般工作人员做得更好，因为秘书在领导的身边工作，领导对秘书的要求自然更严、标准更高；领导不可能容忍秘书工作毛手毛脚、大大咧咧或者办事拖拖拉拉。

秘书在工作中必须缜密周到，养成做事留有余地的习惯，能将工作中可能出现的各种意外状况考虑在内，否则事情的结果往往会出乎意料。如果秘书养成了这种办事习惯，领

[①] 资料来源：郭玲，尤冬克. 秘书学导论［M］. 北京：人民出版社，2007.

导和同事就会对秘书有另一种看法：秘书是一个办事稳重，可以值得信赖的人。

（二）诚实、谦逊

诚实就是说老实话，办老实事，做老实人。当然，作为白领都需要诚实，但对于秘书来说这一点尤其重要，因为不管经验多么丰富，秘书在繁杂忙乱的工作中多少会出现这样或者那样的差错。出了错，马上道歉，这就是诚实。有些秘书不诚实，为了自己或者亲朋好友的私利，故意隐瞒事实的真相，不及时地向领导汇报，从而给领导的决策造成失误。所以，对于秘书来说，诚实是最重要的人品，只有用诚实才能换取领导和同事的信任。

与其他部门的人相比，秘书的确有一种"近水楼台先得月"的优势，可以容易得到各种信息，听到各种机密，这是秘书工作本身所决定的。正是由于秘书容易得到这种"上层信息"，往往会引起一些人的羡慕或者忌妒。如果秘书没有谦逊的品质的话，职务上的优越感就会让其滋生出骄横跋扈的毛病，在工作中，就会慢慢地把自己的"尾巴"翘起来。因此，为了搞好与各方面的关系，秘书无论何时何地都要把自己当做企事业单位的普通一员，绝对不允许自己滋生出"超人"的感觉。

（三）宽厚、合群

秘书应该性情温和，待人友好。因为部门利益、价值观念等方面的原因，同事之间对一些具体问题的看法出现分歧是正常的。因此，当秘书在工作中遇到难以沟通的时候，应习惯换位思考，从对方的角度看问题，理解对方。不管双方的分歧如何大，秘书首先要在人格上尊重对方，而不是以权势压人，强迫对方接受自己的意见；更不能在对方不接受自己的意见时就找机会刁难对方，给对方穿小鞋。

秘书部门是一个企事业单位的神经中枢，从收集信息到给领导安排工作日程，几乎秘书的每项工作都需要各部门的协助配合。如果一个秘书不合群，不是离群索居，就是孤芳自赏，那就很难有亲和力，企事业单位里的同事就会对其敬而远之；如果这样，秘书不仅得不到各部门的支持，反而有可能到处有人给其使绊，让其寸步难行。

（四）自信、稳重

秘书工作的一个特点就是突发性事件多，秘书必须有高度的自信，否则局面无法收拾。当然，秘书的自信一般不会挂在嘴上，也很少显在脸上，他们的自信多是化作了行动；秘书办事谨慎，这并不表明胆怯；为人宽容，但不是懦弱的表现。事实上，秘书只有自信才能赢得领导的信赖，秘书凭借自信而成功的比例远远高于依赖聪明而成功的比例。

（五）幽默风趣

秘书在工作中应该冷静，处理问题小心谨慎。但是，久而久之，秘书可能会给人一种机械而又呆板的印象，这对秘书维持良好的人际关系不利。作为秘书，不仅要搞好自己的人际关系，而且还有责任协助领导处理好各方面的人际关系，因此，秘书还必须机智并富于幽默。所谓"机智"，就是俗话说的"在什么山上唱什么歌"，不墨守成规，能将原则性和灵活性融为一体。但是，秘书毕竟是处于企事业单位管理神经中枢，是领导与企事业单位内外交流沟通的重要桥梁，秘书不能为了机智幽默而机智幽默，重要的是自己的内涵和能力，否则，秘书就会给人留下一个只会耍嘴皮子的印象。

阅读材料

假如我招聘秘书[①]

记　者：谭老师，祝贺你新著《职业秘书实务》的出版。

谭一平：谢谢！

记　者：您的《一个外企女秘书的日记》出版后，在我们的读者中引起了不少的反响，两年多过去了，这股热潮似乎还没退尽。现在有许多读者对这么一个问题很感兴趣，作为一个秘书学方面的专家，假如你招聘秘书，你准备招聘一个什么样的秘书？

谭一平：这个问题非常有趣！假如我的"一平工作室"招聘秘书，那我的招聘广告将是这样的："……秘书的条件是：最好是女性，年龄不少于28岁；外貌端庄，性格开朗，为人稳重；专科以上学历，具备基本的英语水平。"

记　者：按照您说的意思似乎男性不适合当秘书？

谭一平：我并不是说男性不适合当秘书，而是我认为与男性相比，女性做秘书有一些天然优势。第一是女性的语言能力比男性要强一些。秘书处于一个组织的交流中枢，主要工作是与各方面交流沟通，所以对语言能力要求高些是自然的。第二是女性的直觉能力要比男性强一些。秘书工作大多是琐碎的、临时的，在处理这类工作时，更多的是需要直觉和经验。第三是一般的女性没有男性那种"野心"，她们安心做平凡而又具体的工作，久而久之她们会生产一种"管家婆"的心理，因而能对自己的工作精益求精。

记　者：那为什么28岁以下的秘书就不行呢？能说说您的理由吗？

谭一平：我认为一个秘书至少要有5年以上的工作经验才有可能成为一个合格的职业秘书（Professional Secretary）。刚刚从学校毕业的秘书，她们可能朝气十足，知识新鲜，外语不错，但是，对于一个职业秘书来说，最重要的是经验；28岁以下的秘书不管她悟性多高，毕竟工作年限短、阅历浅。

记　者：您对秘书的外貌似乎不是很在意，只要求"端庄"就行？

谭一平：其实，"端庄"这个标准也不低了。所谓"端庄"，直白地说就是"看着舒服"，因为秘书往往是上司甚至整个单位形象的代言人，如果你自己看着不舒服，那你的客人看着就更不舒服。但是，我对"端庄"的要求，不仅包含有对她身材、五官和肤色的要求，也包括对她谈吐、行为举止、礼仪、衣着打扮，甚至说话的声音和说话时的表情的要求。

记　者：那这个"端庄"也不简单，不过，它与现在很多招聘广告中要求的"气质优雅"还是有距离。

谭一平：我认为"气质优雅"的女人一般只适合做总统夫人，不适合当秘书，成天在办公室"打杂"，抄抄写写。

记　者：您似乎很看重秘书的性格？

[①] 资料来源：《秘书》杂志，假如我招聘秘书[J]. 秘书，2006，（4）.

谭一平：是的，性格开朗是我选择秘书的必备条件。如果一个人性格开朗的话，那她就能给被钢筋和水泥包围的办公室带来勃勃生机；与此同时，也说明她有一定的交流沟通能力。

记　者：您所说的"为人稳重"具体指什么？

谭一平：简单地说，"为人稳重"就是"成熟"，也就是说她至少是一个已经具备自我管理能力了的社会公民。"为人稳重"主要表现在这么几个方面：一是办事不是毛手毛脚，今天这里给你把文件打一串错别字，明天那里把客户的电话号码少记一位数；二是口紧，看见的当做没看见，不该说的绝对不说；三是不要小孩脾气，有点小事就跟人家急眼，甚至治气，狐假虎威。

记　者：现在社会上对学历的要求越来越高，为什么您只要求秘书有大专学历就行了？

谭一平：我认为学历不是很重要；因为秘书的经验在学校是学不到的，而且我要的是助手而不是一个学富五车的理论家；有大专以上的学历，就具备了基本的素质和能力。对于一般的初中级秘书来说，与理论相比，经验更重要；与能力相比，态度更重要，而一个秘书的经验和态度与学历没有什么必然的联系。

记　者：如果说学历不代表素质和能力，那英语水平的高低则是能力的重要指标，为什么您也只要求"具备基本的英语水平"就行？

谭一平：作为现代的职业秘书，你当然要会说英语，不然怎么接老外的电话、收邮件和上网查资料？但是，我并不要求秘书能说一口比英国人还正宗流利的英语，因为秘书毕竟只是秘书，既不做专门的业务，更不是职业翻译，所以，只要会说"please this way."，不对客人说"What's your name?"这种幼稚没有教养的英语就可以了；她的口语能力能不能直接参与业务谈判那并不重要。

记　者：我觉得从单项来看，您对秘书要求的条件似乎不高，但综合起来看却又很苛刻，即使在北京上海这样的国际化大都市，现在要招聘到这样的秘书也不是件容易的事。

谭一平：我招聘秘书的条件苛刻吗？我觉得不苛刻，其实，我的这些条件也就是职业秘书的基本条件。所谓职业秘书，并不是说你在从事秘书这种职业，你就可以称之为职业秘书，它是一个秘书素质和能力的综合体现。这就像职业经理人一样，即使你当了一辈子的经理，你也不一定就是个"职业经理人"。

记　者：现在一般人喜欢用"高级"、"商务"或"政务"这类词来界定"秘书"，而您多次提到"职业秘书"这个词，是不是您有自己的用意？

谭一平：我认为我国目前真正的所谓"高级秘书"并不多。在介绍秘书的基础理论时，过分强调"商务"或"政务"这种行业属性没有必要，因为它有可能造成误导。打个这样的比方：如果把政务秘书和商务秘书比作高考前的文科班和理科班的话，那么，对于绝大多数初中级秘书来说，他们都还只是初中生，他们必须学好像语文和英语这样的基础课。

谭一平：我认为"气质优雅"的女人一般只适合做总统夫人，不适合当秘书，成天在办公室"打杂"，抄抄写写。

记　者：您似乎很看重秘书的性格？

答：这是误会。我编著的这本《职业秘书实务》，并不是专门针对公司的"商务"秘书的，它介绍的是一个职业秘书必备的素质和基本的技能。当然，由于经济的迅速发展，特别是企业急需大量的文秘人员，所以，本书所采用的案例都是企业文秘人员所遇到的问题。但这并不意味着它只适合秘书学习。作为政务秘书，当你遇到同样的问题时，你解决的原则和方法也是一样的。

记　者：与一般的教科书相比，您在《职业秘书实务》这本书中似乎加大了如何处理人际关系等内容的篇幅？

谭一平：是的，我认为随着办公自动化程度的提高，IT技术和互联网日益渗透到文秘人员的日常工作与生活之中，在秘书工作中，像打字、存档这类工作的比重正在逐步下降，而在帮助上司收集信息和协调各方面关系等工作在逐步增加，所以，《职业秘书实务》在内容上增加了秘书的素质，特别是对人际关系处理的能力方面的比重。

记　者：好，谭老师，我最后问您一个问题：现在人们都说秘书难做，您的看法如何？

谭一平：我同意这种看法。在现代职场的所有职位中，我以为秘书的生存环境是最艰难的。一方面，秘书往往处于一个单位的管理神经中枢，每天上传下达、左迎右送，使得她们必须八面玲珑、左右逢源。另一方面，她们又整天在领导的眼皮子底下工作，不敢有稍微的松懈与马虎，因此，秘书难做这种说法是有道理的。但是，正是因为秘书处在这样一个环境，这对提升她们的素质和能力比一般职位要快得多，所以，做秘书是最有前途的职业之一。这就是许多秘书以"鲤鱼跳龙门"的方式跻身政坛和商界，成为我们这个时代精英的奥秘。

记　者：好，谢谢谭老师您能接受我们的采访。

三、秘书必备的能力

秘书的能力和素质要求是多方面的，既要求其具有一定的写作能力，又要求其具备具体的办事能力，这包括写作能力、口头表达能力、听知能力、阅读概括能力、社交活动能力和协调能力等。

（一）写作能力

写作能力是指各种应用文书的写作能力。秘书要写好应用文，应具有语法、修辞和逻辑知识，应掌握大量的词汇和不同的句式，应具有文体知识，应掌握常用汉字和简化字，掌握标点符号用法，并通过长期实践，将这些知识综合起来转化为写作能力。写作能力不仅仅是文字表达能力，还反映了一个人的思维能力、观察能力和语言组织能力。

（二）口头表达能力

秘书要会说一口标准而且流利的普通话，要口齿清晰。对领导讲话语言要简明扼要，对群众讲话切忌啰唆。要使说话有条有理，秘书就要多思考，说话前要善于打腹稿，不要信口开河、滔滔不绝，也不能沉默寡言，问一句答一句。

（三）听知能力

秘书要善于耐心倾听和正确理解别人的发言，要能从别人冗长、反复的发言中找出要领，或是从众口交加、激烈的争论中抓住重点，并且能转化为自己清晰简明的语言加以复述。听知能力还意味着秘书应努力掌握方言、外语和民族语言。秘书多懂一种方言、多懂一种民族语言和外语，就多了一样交际工具，多了一条信息渠道。

（四）阅读概括能力

秘书要善于阅读，既要善于精读，又要善于快读和泛读。

（五）社交活动能力

秘书经常要参加各种社会活动，外出联系工作，调查情况，收集信息，进行协调，参加各种会议、会谈或者宴会，甚至有参加外事活动的机会。因而，秘书必须具有一定的社会活动能力，懂得各种场合的礼仪、礼节，善于待人接物，善于处理复杂的人际关系。

（六）协调能力

秘书要善于发现工作中的矛盾和不平衡，要善于发现误解和不合，并及时加以沟通、协调。

（七）观察分析能力

秘书在工作中要时时、事事、处处做有心人，善于观察，做好拾遗补阙工作。秘书还要善于分析问题，提出解决问题的办法供领导选择和实施。

（八）应变能力

在特殊的时间、地点和条件下，遇到意想不到的情况时，秘书要有遇急不慌、临危不惧、处事冷静的应变能力，处理问题既要符合原则，又要有一定的机动性和灵活性。

（九）现代化办公设备的操作能力

秘书要会熟练操作电话机、录音机、扩音机、照相机、录像机、复印机、打字机、计算机、传真机、碎纸机和扫描仪等现代化办公设备，以及办公自动化（OA）等网络通信设备。

四、领导选聘秘书的标准

领导选聘秘书，一般从以下三个大的方面进行考虑。

（一）看起来舒心

领导在选择秘书时一般都有自己的偏好，有的喜欢性格开朗的，有的喜欢能力强的，有的喜欢勤快的，有的喜欢沉稳的……尽管选择的标准各不相同，但最终对"好"秘书的看法都基本相似：作为一个秘书，必须容貌端庄，让领导看着舒服。这个看着"舒服"并不一定是外貌漂亮，它还要求衣着打扮和言谈举止都非常得体，有相当的气质。

秘书给领导的第一印象很重要。在这个"第一印象"中，除了外貌之外，还包括说话的重音、音调和口齿是否清楚等因素，它们都有可能影响领导对秘书的第一印象。尽管一个秘书的价值和其外表没有什么直接的关系，但遗憾的是，即使秘书的内在品质非常优秀，但其给领导的第一印象仍是由外貌决定的。领导决定选择谁做秘书，往往取决于自己的第一印象。当然，如果仅仅只给领导留下好感，那还不足以让领导放心地把工作交给秘书。

 阅读材料

老总招聘女秘书的惊人录用标准[①]

又到了新一届毕业生找工作的时间，就业再一次成为热点话题。记者日前就了解到某国企老总招秘书只限美女，喝酒唱歌成为录用标准。

据悉，这场面试进行了"四步曲"，面试前奏曲——男生不战而败，女生不战而胜。面试第一轮——女生排排站，简历不重要。面试第二轮——美女会合复试，关键词"喝酒、唱歌"。面试第三轮——说了不算练了算，老总亲临选秘书。如此招聘真不知是"选美"还是招聘秘书！难怪让"初出茅庐"的大学生们晕了头，屡屡碰壁！一名丁同学感慨地说："感觉他们跟耍猴似的。"事实上，这只是职场招聘"乱象"的"冰山一角"，大量的"不选优生选差生，不看简历看八字，不问成绩问酒量"的令人费解的现象在往年也大量存在，让人深思。

职场招聘何以"乱象"不止？在我看来，这首先源于用人单位与求职者间悬殊的地位。当前就业难问题突出，企业掌握了人才市场的话语权，求职者已沦为"弱势群体"。用人单位与求职者间过于悬殊的地位，导致一些企业在招聘中提出了过分苛刻的要求。手握劳动关系的"主动权"，居于强势地位的用人单位，通过设置某种障碍，不断抬高招聘门槛，就业歧视随之产生。一些企业敢于"不问成绩问酒量"、"给求职者测生辰八字"，甚至给大学生开出每月四五百元的工资，都源于此。资强而劳弱的现实让一些企业养成了骄横的心态——"想干就干，不干拉倒"，在这种情况下难免乱象丛生。

其次，是受社会不良风气的影响。企业招人，看重的本当是求职者的能力，一些企业却请来"命理大师"，专门为员工算命，测应聘者的生辰八字，这显然是受带有封建迷信思想的"风水文化"的影响。而一些企业要求大学生"会喝酒、跳舞"，无非是想让大学生陪领导、客户吃喝玩乐，做"公关人员"。在社会庸俗文化和不良风气的影响下，一些企业的招聘条件和要求再奇特也不足为怪。

最后，是法律规定的滞后。《劳动法》第12条规定："劳动者就业，不因民族、种族、性别、宗教信仰不同而受歧视。"然而，在当今职场，民族、种族、性别、宗教信仰等招聘歧视，已成为过去时。对于近些年来新招迭出的"有违精神，不违条文"的隐性、柔性歧视，这条原则性的规定由于缺乏相应的配套细则予以支持，因而缺乏可操作性，被歧视的求职者很难找到合适的法律武器进行自我保护。法律规定的滞后让求职者处于极为不利的地位，面对权益被侵害往往无能为力。目前，很多国家对反就业歧视已有细致的条文规定，因此，加紧制定反就业歧视方面的规范，详细规定就业歧视的界定、种类、法律责任，这是消除职场"乱象"的根本之策。

---

① 资料来源：人民网，作者孙瑞灼。

（二）带在身边放心

光看着舒服，领导还不会真正地信任秘书；领导还要继续考查秘书是否忠诚老实，为人是否稳重。秘书只有让领导信得过，让领导感到放心，才能算是真正的"秘书"，否则，实际上也就是一个普通的文员。

为什么秘书一定要让领导感到放心呢？因为秘书经常要直接地或者间接地接触一些企事业单位重大决策的信息，甚至有可能参与对这些信息的处理，如果领导对秘书不放心，领导就不会让秘书接触这些机密。这一点也可以说是秘书与普通文员的标志性区别。因此，作为秘书，职业的第一条准则就是保守秘密。有些年轻的秘书泄密，并不是他们有意这么做，很多时候的泄密是由于他们的疏忽造成的，如被人盗走机密，或对方通过对自己的行为进行推测得到机密。因此，秘书要小心慎言。另外，一些人由于失恋等原因造成精神上不很稳定，感情上有点什么波折都会挂在脸上，这样的人也很难让领导放心让其做自己的秘书。

（三）用起来省心

只有当领导对秘书感到放心之后，才会根据秘书的能力来安排工作；而秘书也只有通过充分发挥自己的能力，才能让领导对自己的工作满意，成为领导名副其实的助手。那么，秘书要具备什么条件才能让领导省心呢？

第一条就是经验丰富。

一个有经验的秘书，在工作中会有这样一些特征：先决定工作的优先顺序，然后再着手开始工作；做好必要的准备工作后再开始工作；恰到好处地整理好办公环境，以减少疲劳；文件存放从不将就，按规定存放一步到位，这样要找文件时非常方便；在不是特别强调优先顺序的情况下，工作从难到易；对于那些特别耗时间的工作，在处理过程中向领导反映，听取领导的指示。

第二条就是身心健康。

领导对秘书的要求首先是头脑敏捷，所以说秘书工作既是体力工作也是脑力工作，因此，身心健康是从事秘书工作的先决条件。秘书应生活有规律，保持适度的运动与休息，并注意饮食的平衡。只有保持身体健康，才能够在工作中保持相当的耐力和爆发力，出色地完成自己的工作，这是秘书的最基本的条件。

 阅读材料

老板喜欢什么样的秘书[①]

秘书，据《辞海》所释，原指古代官名。中国自秦汉以来，历代封建王朝曾设有尚书、秘书监、秘书令、秘书丞、秘书郎等官职，掌管官员向皇帝奏事的奏章函牍和皇帝

---

① 资料来源：金羊网。

宣布命令的宣示，以及官禁的图书等工作。现在，按国际秘书联合会的定义，"秘书"是指上司的特殊助手，他们掌握办公室工作的技巧，能在上司没有过问的情况下表现自己的责任感，以实际行动显示主动性和判断力，并在所有给予的权力范围内作出决定。

我们都知道，一个得力的秘书可以大大减轻老板的负担。现在的老板选聘秘书，非常看中工作经验和实际能力。可有时，一些懂外语，有一定的文字功底，会计算机操作，有良好的组织能力、策划能力、执行能力……十八般武艺，样样齐全的秘书却不讨老板们的喜欢。更有甚者，一不留神，便让老板的一纸解约书，给黯然神伤地打发回家了。

这是为什么？难道真是伴君如伴虎，老板待秘书真是那么喜怒无常？非也。其实，为秘书者只要拥有工作上的真才实学，再小心其事，便能在工作上得心应手。毕竟，能与老板一起工作，有条件了解公司的全面运作及老板的意图，个人的业务能力可得到很快的提高。因此，升迁的机会也会比一般员工多。在许多的大公司里，一些高级经理人原本都是老板值得信赖的秘书。

那么到底老板喜欢什么样的秘书呢？下面，我们请看几位秘书的经历吧。

一、必要时做哑巴

做秘书的都知道，不可泄露公司机密，因为那是公司不容，法律也不许的。可秘书知不知道，对老板的习惯与私隐，也要守口如瓶，甘当哑巴。

现任外资公司总经理秘书的简就深谙此道。她表示，自己身为老板的左右手，长伴老板身边，与其他秘书一样，对自己老板的习惯、私隐都会有所了解。虽然，对老板的了解，有助于她理解老板的意图。但简认为，对上司的私事，知道得太多并非好事。有时，这种了解更是一种负担。不然，老板私事被泄，他第一个怀疑的便是自己。为了不成"嫌疑犯"，闹出许多无关的事端，简在工作中尽量避免接触上司的私事。避不了的，简便关紧自己的嘴巴。即使是老板琐碎的小抱怨，她也绝不向他人吐露半句。"祸从口出"是古训，简对它有着深刻的认识。因为她是看着她的好同事——原总经理秘书因为一句玩笑话而丢了前程似锦的工作。那是在一次员工聚餐中，大家都在拿身边的人开玩笑，前总经理秘书也拿她最熟悉的老板开玩笑，结果无意说出了女老板虽年近四十，仍待字闺中，云英未嫁的事实。虽然当晚，前总经理秘书因为爆了老板的猛料而成为全场注目的中心。可第二天，她便被龙颜大怒的老板给扫出了公司的大门。

每每回忆起前任者离开时黯然而泣的表情，简掬一把同情泪之余，不免时时刻刻提醒自己，在老板的私事之前，秘书要沉默是金。

二、别当喇叭

作为工作在老板身边最亲近的人，秘书虽有机会为老板传达指令，但切不可以"二老板"自居，给同事一种盛气凌人的感觉；更不可以"我是个好兵，我想当将军"为由，在老板不在办公室时，越权作出决策。做秘书最重要的一点，就是要切记自己是助手身份。

当过某知名广告公司市场部总监秘书的CoCo就曾在这方面栽过大跟头。一次，她随上司到外地谈生意，因为所到之地恰是CoCo的家乡，上司希望CoCo能利用这层关系搞好公关。一开始，CoCo的表现是很令上司满意的，因为她很快和谈生意的老乡热乎起来，并滔滔不绝地介绍起公司的企划。后来，上司却越来越不高兴了，因为CoCo和对方谈的都是家乡话，让上司听不懂，也没有开口的机会。结果，这单合同虽谈成了，可上司却怀疑CoCo利用他听不懂她的家乡话，从中吃了回扣，令CoCo有口难辩，万分委屈。

其实，如果CoCo能明白一点，她是秘书，身份是陪同老板谈生意；事前先明白老板的想法，清楚自己的职责；和老板一起外出时，再根据老板的需要加以配合，就不会喧宾夺主，像个喇叭似的夸夸其谈，惹来不必要的麻烦。

再者，在谈生意的过程中，CoCo应该做到谨小慎微，随时注意老板的情绪，从而对自己的言行加以调整。老板的意图常常会隐藏他不经意的话语或者随意的小动作之中，如果你能准确地领会和配合，老板肯定会给你加分。

三、学当傻瓜

莫年纪不大，却是一位有着十几年总经理秘书经验的"老秘书"。常言道"木秀于木，风必毁之。"别人在她的位置一般只能干几年，可她一做就是十多年，老板都换了几个，她还没被踢走。只因莫坚守自己的戒律，学当傻瓜，不要爱上自己的老板。一个好的秘书，一个有能力的秘书，不愿依仗与老板谈恋爱，以谋求升迁。

与老板谈恋爱，弊大于利。如果是一场真正的恋爱，意味着你必须结束在这家公司的职业生涯。这是人人皆知的职场规则。如果是一场游戏，那么你注定是赔了夫人又折兵的那个输家。

而且，据莫对她几任老板的观察，她发现老板是不喜欢办公室恋情的。她的现任老板麦克就是一个好例子。麦克在上班时间里，他与莫是彼此合作的利益共同体。无论是在工作会议上，还是在工作聚餐上，两人都可打成一片。可一到假日，在公司外，麦克与莫就如两条毫不相干的平行线，在各自的生活圈子里运行着，不会发生交集。莫深知，那时候的麦克，最不喜欢的就是用工作对他私生活的打扰。

因此，工作与生活中，秘书可以表示对老板的关心与爱护，但有个"度"的问题。否则，稍有不慎，好心之举在旁人眼里也会变成卑劣拍马屁之事，甚至是漫天纷飞的绯闻。

不管什么时候，谨记，老板就是老板，秘书不可因为亲近就忘了自己的本分，而应保持适当的距离，像个傻瓜，异性相吸的免疫，从而避免引起不必要的误会，陷入是非。

其实，与老板相处，重要的不是投缘。对于秘书这个职位，秘书一定要摆正自己的位置，让自己去适应老板。一般情况下，你炒老板比老板炒你要付出更多的代价。

了解做秘书的"秘籍"，有助走好你的路。

第三节 秘书的心理与性格

案例讨论

　　在西方人眼里，秘书的典型形象曾是身着黑色短裙、脚蹬高跟鞋、跟随老板的年轻漂亮的女郎。这也是中国观众在电影、电视译制片中所熟悉的秘书形象。然而近几年来，社会对秘书的年龄要求发生了很大变化。英国伦敦一家职业介绍公司已开始招聘年龄在35岁以上的秘书。他们认为年龄大的秘书心理与性格更成熟，更忠实于公司，这有利于保持员工队伍的稳定。除了必需的秘书工作技能外，高档次公司雇主看重的是冷静的头脑、丰富的处世经验以及待人接物的技巧。这些都是刚从大学毕业的学生不可能具备的。在1996年3月以前的6个月中，通过该职业介绍公司获得秘书职位的人有50%年龄在35岁以上。有人认为，秘书队伍在年龄上的变化也体现了西方女权运动的成果，是众多女老板的出现使年轻貌美的女士失去其优势。但不管原因何在，当今的潮流是：老板更注重的是人员素质、工作效率和公司的发展。因此，良好的心理素质与性格给公司带来的就是财富。

　　试分析：通过上述案例，你认为现代企业需要什么样的秘书？

一、秘书的心理素质

　　心理素质是指人的个性的、较稳定的心理品质，包括心理过程、心理倾向和心理特征方面所具备的内在品质。秘书的心理素质是指对有利或者对秘书职业活动有所帮助的心理品质特征。秘书工作的职业特点决定了秘书人员必须具备多方面的心理素质。与秘书活动关系密切的心理素质如下。

（一）秘书性格

　　性格是指一个人在个体生活过程中所形成的对现实的态度与行为方式的总和，是一种表现比较稳定的心理特征。

　　1. 从心理机能类型划分

　　从心理机能类型划分，性格可以分为理智型、情绪型和意志型。

　　2. 从心理表现方向性划分

　　从心理表现方向性划分，性格可以分为内向（内倾）型和外向（外倾）型。

3. 从独立性划分

从独立性划分，性格可以分为独立型、顺从型、理论型和经济型。

4. 从社会活动特点划分

从社会活动特点划分，性格可以分为审美型、社会型、政治型和宗教型。

人的性格受生活环境、工作环境、成长环境、个人经历、学识教养和个人主观改造等多方面的作用，是可以改变的，也是可以有意识培养的。秘书的性格，是秘书在个性生活过程中形成的、对现实稳定的态度以及与之相适应的习惯化的行为方式，是表现在态度上和行为上比较稳定的心理特征。秘书的工作性质，要求秘书具有外向型和内向型性格之长而弃其短，既要敏捷，又要沉着；既要活泼，又要严肃；既要善交际，又要保守机密。

具体来说，对秘书性格的基本要求是：秘书应具备坚毅自制、稳健随和、豁达开朗、敏捷应变、幽默风趣、友爱合作等性格，这样才能适应秘书工作的职业要求。

（二）秘书兴趣

兴趣是指人对客观活动、客观事物所持的一种选择态度和积极探索的认识倾向，又是一种复杂的行为动机。兴趣就是人们通常所说的爱好，它是在社会实践中形成的，也可以在社会实践中改变。一切有成就的工作大多是以某种兴趣为先导的。在秘书工作中，兴趣具有非常重要的作用。首先，秘书的兴趣一旦形成，就会使其围绕兴趣建立起一系列的目标体系，以百倍的精力、满腔的热情从事本职工作。其次，良好的兴趣能使秘书自觉地去积累相关知识，掌握专业技能，提高自己的职业素质。最后，兴趣还能使秘书在工作中产生愉快、兴奋等积极情绪体验，使工作效率得到显著提高。

良好的秘书兴趣应具有以下特点：广泛性与中心性相统一；兴趣的持久性；兴趣的效能性。

（三）秘书意志

意志是指人自觉地决定目标，并根据目标来支配、调整自己的行动，克服各种困难来实现预定目的的心理过程，是人的意识能动性的表现。秘书是一个富于挑战的职业，必须在情感的基础上，上升为意志，才能激励秘书在到达目标的山路上攀爬。同时，秘书的意志在很大程度上决定了秘书工作的效率、工作的质量和工作的成效。秘书良好意志品质的要求包括以下四个方面。

1. 自觉性

自觉性即秘书在行动中具有明确的目的性，并能充分认识行动的社会意义，使自己的行动服从于社会的要求。

2. 果断性

果断性即秘书在紧急情况下明断时非，及时下定决心并作出决断。

3. 顽强性

顽强性即秘书能在较长的时间内，克服重重困难，保持充沛的精力和坚韧的毅力，百折不回地达到目的。

4. 自制性

自制性即秘书能够完全支配和控制自己的情绪，约束自己的行为，使之符合客观需要。

（四）秘书气质

气质是指人的心理活动的稳定的、典型的动力特征，具体表现为人的活动的速度、强度、持久性、灵活性和指向性。气质具有遗传性、稳定性、可变性、外显性和差异性等特点。我国古代根据五行分类法把气质分为金、木、水、火、土等五种类型。巴甫洛夫高级神经系统活动理论把人的气质分为冲动型、活泼型、安静型和抑制型四种类型。希波克拉特的"体液说"把人的气质分为胆汁质、多血质、黏液质和抑郁质四种类型，并对这几种类型的动力特征作了分析。

我们应该正确地认识气质，坚持气质问题上的辩证法。气质无好坏之分，各人的气质有其所长，也有其所短。气质不能决定人的品德、智力和成就。气质具有相对稳定性，又具有可塑性。我们提倡对气质要顺其自然，安之若素，扬长避短，促优弃劣，容人所短，克己所短，学人所长。

那么，哪种气质的人适合从事秘书工作呢？胆汁质、多血质气质类型的人活跃好动、反应迅捷、喜欢交往、兴趣广泛，在人际交往中有适应的一面；黏液质、抑郁质气质类型的人性情沉静、体验深刻、态度持重、考虑周详，比较适合从事计划性强、忍耐力强、细致具体的工作。而他们各自的长处又恰是对方的短处。因此，任何一种气质，只要善于扬长避短，都可以胜任秘书工作并出色地履行岗位职责。

（五）秘书情感

情绪是指人的情感较强烈、带冲动性的外部表现。情绪是一种高度扩散的兴奋或者抑制状态，是人的主观对客观的直接的心理反应，是一种低级的情感。

情感则是指人对外界刺激肯定的或者否定的心理反应。情感分为道德感、美感和理智感。

良好情绪的保持和巩固，需要客观刺激物不断去强化它，如社会环境、舆论评价、社会公认的标准等。它对秘书有重要的作用，也要求秘书本身尽可能冷静地对待社会环境和舆论评价的影响，能驾驭和控制自己的情绪，保持积极、乐观、平静的情绪，防止并善于克服消极、悲观的情绪。秘书要在理解职业内涵的基础上，上升为对秘书职业热爱的一种情感体验，以保持高昂的工作热情。

二、秘书的心理健康

秘书的工作活动是一项十分繁重的脑力劳动。当代秘书活动的紧张性、快节奏和高压力，都对秘书的心理品质提出了越来越高的要求。秘书在自我发展、自我完善的进程中，要努力加强心理修养的自觉性。

秘书处于各管理系统的中枢，地位特殊，事务的繁重，角色的复杂，都常使其心理处于紧张状态，若不注意加以调节，就会造成心理失调甚至引起疾病。

秘书（尤其是青年秘书）往往由于工作压力过重，遇到挫折，或自己的成就动机得不到及时满足而产生焦急，其表现为：经常疑惑忧虑，惶然犹如大难将至；经常怨天尤人，无缘由地自忧自叹；微不足道的小事都足以引起他的不安；遇到紧张的心理压力时，便会慌张不知所措，丧失应付事变的能力。在生理上则表现为常常长吁短叹，甚至有胸闷、心悸、头昏、呼吸困难等异常感觉。

秘书应如何克服焦虑的心理障碍呢？

首先，要敢于面对焦虑，增强自信，对未来充满信心。秘书可以冷静地问自己："这件事最坏又会坏到什么程度呢？"勇敢地回答这个问题，焦虑也就消失了。

其次，要培养"处之泰然，安之若素"的襟怀，不为一时一事所困扰，不为小小的得失而耿耿于怀，这样焦虑心理自然就消失了。

最后，可以制订一个行动计划来代替自己的焦虑。当秘书拿出一个有意义的工作目标并全力以赴地去实现它时，也就无暇去焦虑了。

秘书要想在工作中保持心理健康，需做到以下五点。

第一，要树立正确的人生观。

只有树立了正确的人生观，秘书才能正确地对待工作与生活中出现的各种矛盾、困难和挫折，对外界环境产生适当的行为反应，保持良好的心理状态。

第二，要确定适度的抱负水准。

秘书要在充分认识自己的基础上，将自己的抱负与所从事的工作结合起来，力求在完成工作目标的过程中去实现自己的理想抱负。

第三，要创造良好的人际关系。

秘书只有清醒地认识自己的人际关系状况，形成正确的自我意识，宽容待人，乐于合作，才能创造良好的人际关系环境，促进心理的健康发展。

第四，要及时调整不良心理。

秘书要自觉调整和克服不良心理因素的影响，形成正确适度的行为反应，维护心理健康。

第五，要参加各种有益活动。

秘书积极参加有益的文体活动，对克服不良心理、维护身心健康大有好处。

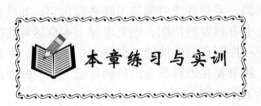

本章练习与实训

一、思考与讨论

1. 有一位秘书学专家用"骡子的耐劳，犀牛的脸皮，修女的忠诚，蜥蜴的隐蔽"这样四句话培养和要求他的学生，现在他桃李满天下，很多的学生都获得了成功。通过本章的学习，谈谈你对上面四句话的认识。

2. 有人把秘书的能力概括为"三会、三能"，即会写作，坐下来能写；会交际，站起来能说；会实务，走出去能干。通过本章内容的学习，谈一谈你是如何理解"三会、三能"的。

3. 现在很多的学校对文秘专业的学生要求较高，如在江苏好几家高职院校文秘专业对学生提出了"五个一百"的要求，"五个一百"是指学生在校三年期间，要读100本书，写 100 篇文章，创作 100 幅字，参加或者策划 100 个活动，学习 100 句交际用语。请你结合所学知识，讨论"五个一百"对提高文秘专业学生的能力有哪些帮助。

二、实训

实训一：资料收集

1. 实训任务

通过阅读图书、网上收集等途径，收集与秘书能力、素质、职业道德等相关的案例。

2. 实训要求

（1）通过网络收集的资料，将资料复制 Word 文档，并按照排版规范进行排版，标明资料的出处与来源，最后将收集的资料进行打印。

（2）通过图书、杂志、期刊和报纸等收集的资料，将内容进行复印，将复印的内容剪裁，粘贴在 A4 纸上，并标明资料的出处与来源。

实训二："谁最适合做秘书"

1. 实训任务

通过本章的学习，你对秘书的修养、职业道德、能力和素质等有了一定的了解，请按照秘书的能力、素质和道德等要求，看一看身边的同学，哪个同学最适合做秘书，并说明你的理由。

2. 实训要求

（1）实训之前你必须先对秘书的修养、道德、能力和素质等内容进行复习。

（2）实训以课堂讨论的形式完成。

第四章

秘书职能范畴

第一节 辅助决策

案例讨论

下午一上班,投资部就送来一份"上海飞腾公司情况介绍"的材料,这是张总催着要的材料,秘书小李让投资部的人赶紧送过来,果然神速。

也许是时间太急,投资部送来的材料中不仅有错别字,还有一些语法上的错误,于是,小李把材料的文字稍为润色了一遍,重新打印送给张总。

张总将材料翻了翻,就皱起眉头说:"小李,这份材料你加工处理过,是吧?"

"是的,"小李不清楚张总问这话的意思,"我只是对其中的文字润色了一下。"

"小李,你应该知道我要这份材料的目的。我想了解飞腾公司的资产状况,但是更想了解飞腾公司目前管理层的状况。我要的是他们目前实实在在的真实情况,而不是这么几个干巴巴的数字和几条标语口号,你知道吗?"

张总的脸越拉越长。

"小李,我是经理,你是秘书,所以,我希望你做我的眼睛,做我的耳朵,甚至做我的手和脚,但我不希望你做我的大脑!哪些材料有用,哪些材料没用,由我自己的大脑来判断,好吗?"

稍后,张总态度缓和了一些:"是不是投资部把材料给你的时候,就是这个样子?可能主要责任不在你。这样吧,你去把投资部的李部长叫来,我要听取他的口头汇报。"

试分析:(1)小李哪些方面做的不合适?(2)如果你是小李,你应该怎么做?

一、辅助决策概述

决策是领导的基本职能。从一定意义上说,领导过程就是制定并实施决策的过程。而秘书作为领导的直接参谋和助手,理应尽职尽责地辅助领导进行决策,做好决策过程中的各项秘书工作。

(一)决策、辅助决策的含义

作为决策学的科学概念,决策有狭义与广义之分。狭义的决策是指人们确定未来行动目标,并从两个以上实现目标的可行方案中选择一个最佳方案的分析、判断过程。广义的决策是指人们为达到一定目标而决定行动方案并付诸实施的过程。我们这里所说的决策,是广义上的决策，它既包括决策的制定，又包括决策的实施。

所谓辅助决策，就是秘书或者秘书机构为领导制定并实施决策所采取的各种辅助行为。辅助决策包含决策前的秘书工作、决策中的秘书工作和决策后的秘书工作，即决策过程中的各项辅助行为。

（二）辅助决策的过程

秘书辅助决策的过程，也就是领导决策的过程。根据决策理论与决策实践，我们将决策过程分为以下四个阶段。

1. 决策准备阶段

决策准备阶段，就是决策的起始阶段。决策准备阶段包括三个步骤：一是发现问题，即发现应有状况与现有状况之间的差距，并分析问题和确认问题；二是确定目标，即在调查和预测的基础上，确定所期望达到的结果；三是拟制方案，即拟定多种可供选择的、达到目标的有效途径。

2. 决策制定阶段

决策制定阶段，就是决策的决定阶段。决策制定阶段包括两个步骤：一是分析评估，即对各种预选方案的利弊得失进行分析比较，并作出定性的和定量的估价；二是方案选优，即决策者依据价值准则，对各种经过论证的预选方案进行最后抉择。

3. 决策审定阶段

决策审定阶段，就是决策的批准阶段。决策审定阶段包括两个步骤：一是决策审批，即呈报上级机关或者主管部门审查批示，争得上级对决策的承认和支持；二是立法认定，即重大决策须经权力机关审议批准，以获取法律效力。

4. 决策执行阶段

决策执行阶段，就是决策的落实阶段。决策执行阶段包括两个步骤：一是试验证实，即对决策进行局部试验，以验证其方案运行的可靠性和可行性；二是普遍实施，即对经过试点并取得成功的决策进行全面推广。

上述四个阶段及其各个步骤是对决策的一般过程而言的。在每个阶段中都有一系列的秘书活动。

（三）辅助决策的意义

在领导决策的过程中，秘书是一支常备的辅助力量，具有特殊的、不可取代的作用。

1. 现代领导工作的必要补充

随着信息量的急剧增加，科学技术的日新月异，各种矛盾的千变万化，现代决策是任何领导个人的智慧难以胜任的。这就需要借助他人的头脑与双手，以弥补领导个人才智、经验和精力的不足。秘书在领导的身边工作，比较熟悉领导的决策意图与决策思路，便于直接为领导的决策服务。因此，充分发挥秘书在决策中的作用是对领导工作的必要补充。

2. 秘书职能的重要转变

在秘书职能的转变中，辅助决策是最重要的职能转变。这种转变源于决策已成为基本的领导职能。因此，秘书不能只满足于简单的办文办事，而应做到既办文办事，又出谋献策。所谓出谋献策，主要的就是辅助领导做好决策前、决策中和决策后的各项服务工作。这是新时期赋予秘书工作的新内容，也是领导工作对秘书工作提出的新要求。

3. 造就新型秘书人才的有效途径

决策的民主化和科学化，不仅对领导的群体素质和个体素质提出了更高的要求，而且也对秘书的群体素质和个体素质提出了更高的要求，如合理的知识结构、优良的智能素质、必备的非智力因素以及创造性的思维品质等。因此，要做好决策中的服务工作，关键在于提高秘书的辅助决策能力，造就一批既懂决策理论和决策技术，又有实际经验的足智多谋的新型秘书人才。

二、辅助决策的原则

秘书要有效地辅助领导进行科学决策，必须遵循以下辅助决策的基本原则。

（一）定位原则

在决策过程中，秘书要始终将自己置于辅助的位置上，一切从"谋"的角度出发，做到"谋"而不"断"。这是因为，决策的主体是领导，决策是领导的权力与责任。作为决策的辅助力量，秘书只能充当领导的参谋和助手，绝无决断的权利和义务。因此，强调发挥秘书在决策中的参谋作用，并非意味着"谋"、"断"不分。任何喧宾夺主或者反客为主的思想和行为都有碍于秘书参谋作用的发挥。

（二）超前原则

决策，不论是战术决策还是战略性决策，也不论是程序性决策还是非程序性决策，都是对未来行动的抉择。可以说，它是规划未来、影响未来、推动未来的行动。因此，决策制定特别是决策执行中随机性、可变性和风险性是客观存在的。为了实现决策的科学化，提高决策的可靠性，秘书应坚持辅助决策的超前原则。所谓超前原则，就是要以预见的眼力和预测的本领，多考虑未来的需要，多提供未来的信息，多拟定"防范措施"。一句话，秘书要争做"事前诸葛亮"，发挥超前服务的作用。

（三）系统原则

决策是一项系统工程。决策要求决策者和决策支持者必须考虑决策所涉及的整个系统及其与之相关的系统，以及构成各个系统的相关环节，以免作出顾此失彼、因小失大的错误决策。根据这一原则，秘书在辅助决策时要有全局观念和整体思维能力；要善于观察和把握决策的内、外部环境，以及各种关系的发展和变化；要尽职尽责地做好决策过程中的各项事务工作，特别是各项协调工作，以保证领导决策的整体效能。

（四）信息原则

信息是决策的基础。领导决策的过程，就是信息沟通的过程。决策是否正确，首先取决于决策所需要的信息是否及时、准确和适用。因此，在决策的各个阶段及其每个环节上，秘书要十分重视信息工作，为领导收集、加工、处理和提供有价值的信息。随着市场经济的发展，科学决策对信息工作的要求愈来愈高。秘书应通过各种渠道，运用各种手段，获取决策所必需的各类信息。

（五）谏诤原则

决策常常是关系全局的、长远的和重大利益的行为。一着不慎，全盘皆输。历史的经验表明，决策失误是最大的失误，其后果是极其严重的。因此，决策要特别慎重，要讲究科学。但是，决策是一个动态过程，又受到多种因素的制约，发生某些错误乃至失误也是难以避免的。一旦察觉或者发现决策中的不足和过失，或者可能导致的不良后果，秘书应本着对事业、对群众极端负责的态度，实事求是地向领导进言，直言不讳地提出自己的意见和建议。那种为个人利益而患得患失，甚至面对错误也不知不谏，就是一种不称职或者失职的表现。

 阅读材料

秘书工作要围绕"谋"字做文章①

在新的时期，作为辅助领导进行决策和管理的秘书工作，面临着新的挑战、新的任务；作为领导决策"外脑"和管理助手的秘书人员，必须不断更新工作思路，正确认识和把握形势，强化参谋功能，为领导引路导航，从而更好地服务领导。如何提高秘书人员参谋能力？必须做到"四要"。

一要有谋。

有谋是秘书人员当好参谋，辅助决策的基础。要做到"有谋"，必须做到胸中有"数"，言之有据。对胸中有"数"，第一要做到"数"多。这就要求秘书人员必须腿勤、嘴勤、手勤、脑勤，多学习、多实践、多思考，多积累，积极建立"知识库"、"信息库"、"材料库"，为决策储备知识、信息、材料，为当好参谋打下坚实的基础。特别是当今社会已进入信息时代，新政策、新举措、新事物、新经验在不断应运而生，这对于领导制订方案，实施决策，无疑起着很大的借鉴作用。作为秘书人员，必须用超前的眼光，超前的意识，对上下左右各个方面的各类信息及时进行收集、整理和研究。只有对各方面的情况和信息了如指掌，为领导参谋做决策时，才不会腹中空空、人云亦云，才有事可参、有事可谋。第二要做到"数"精。在调查中所获取的材料，往往是最原始的、最粗糙的、最杂乱的，这就要求秘书人员必须对这些材料进行去粗取精、去伪存真、由表及里、由此及彼的深加工，制作成有条理的、有针对性的、能反映事物本来面貌、反映事物全面性、本质性、内在规律性的精细材料。只有这样，秘书人员在参与决策时，才能争取时间、言简意赅、紧扣主题、击中要害，避免"下笔千里，离题万里"的现象。第三要做到"数"真。当前是社会转型时期，由于利益分配的差异和看问题的角度有别，他们就会对社会上所发生的事情看法不一，评判不一，甚至一叶遮目，颠倒黑白。加之现实生活中发生的事情也不是片面的、简单的、孤立的，而是错综复杂的，往往会鱼目混珠，让人真假难辨、好坏难分。有些情况看起来真实可靠，却只反映某些

---

① 资料来源：中共常德市委办公室网站，作者张克鹏。

人、某个方面、某段时间的"真实",并非社会本质的真实、全面的真实、符合客观规律的真实。这就要求我们对事物的看法具有敏锐的洞察力,对获取的材料进行反复思考、反复论证,正确把握其真实性。这样才能有效避免参谋策划时,把那些貌似真实、实则虚假的情况提供给领导,导致其决策失误。第四要做到"数"析。分析问题,这项工作比提出问题更重要。面对模糊杂乱的大堆事物,只有经过鉴别、筛选、提炼、综合、加工等环节,经过一番沙里淘金、集零为整、变缺为全、化浅为深的工夫,才能从动态中把握规律性,从苗头中发现倾向性,从偶然中提示必然性,提炼出领导决策具有参考价值的情况、观念、意见和建议。

二要敢谋。

敢谋是秘书人员坚持党性原则的重要体现。要做到敢谋,首先要转变观念。现实生活中,有的秘书人员虽然胸有大志,手中握有丰富的材料和信息,但由于受"历史经验与教训"的熏陶,受"左"的思想观念的禁锢,加之现实生活中存在"讲假话受宠,说真话遭殃"的现象,造成他们进言纳谏的心理障碍,形成"伴君如伴虎"的不良心态。因此,他们在参与决策时,摆出一副很有"城府"的姿态,生怕言多必失,生怕不合领导品味,更怕讲错话,得罪领导,惹火烧身,因此少说为佳,不说为妙,看领导眼色行事,合领导口吻说话。这就要求秘书人员转变思想观念,端正工作态度,坚持真理,不要瞻前顾后,作一个对事业、对工作、对领导负责任的合格的秘书人员。其次要敢于直言。现实中,有的秘书人员发现领导决策存在着明显的缺陷甚至偏差,明知会给工作和事业带来失误甚至损失,也不敢站出来讲真话,他们的原则是明哲保身,不求无功,但求无过。这就要求秘书人员敢于站出来讲真话,报真情,揭真相,而且做到知无不言,言无不尽。这样,当领导决策正确时,秘书人员的分析论证,往往会坚定领导对决策实施的信心和决心;当领导决策出现缺陷和失误时,秘书人员及时进谏,给予查漏、拾遗、补缺,更能辅助领导纠正决策偏差,使决策更加完善,使领导更加注重民主办事,科学决策,实事求是。

三要善谋。

善谋是秘书人员必须具备的修养和素质。要做到善谋,其一要注重自身理论修养。调查研究,观察事物,分析材料,无疑需要具备一定的理论修养。参与决策,辅助领导,同样需要具备一定的理论修养。这就要求秘书人员对于马列主义、毛泽东思想、邓小平理论,对于新时期的政治、经济理论,对于市场经济、法制理论,对于科学信息理论,对于本部门、本单位的业务理论等,必须熟悉和掌握,不能一知半解,不能满足于现状,只求过得去,而要随着改革开放全方位向纵深推进,不断加强学习,加深理解,使之参与决策时言之有理,谏之有力。其二要注重个性修养。秘书人员进言纳谏,谋求自己的观点被领导接受和采纳,就必须不断研究前人的经验,不断总结自己的实践,不断提高进谏的艺术水平,逐步掌握和获得高明的进谏能力,当参谋是秘书工作的一个部分,凡是工作都要讲究方式方法。进言纳谏同样要注意方式方法,注意时机扬合,注意语气分量,要因人而异、因事而异、因时而异;要分别不同情况,采取不同方法,如先退后进法、以柔克刚法、引经据典法、侧面推进法、巧妙渗透法、亲切引入法、晓之厉害法等多种办法,力求言之有序,谏之得法。这并非是秘书人员"耍滑头"、"当变色龙",也不是秘书人员立场不坚定、旗帜不鲜明、思想不健康的问题,而是秘书工作应具有的方法策略问题，是秘书人员当好参谋的方法艺术问题。因为秘书人员采取这些方式方法的目的，并非为了谋求个人私利，而是为了辅助领导正确决策。

四要良谋。

良谋既是秘书人员坚持党性的体现，又是秘书人员良好的道德品质、思想意识的体现。要做到良谋，其一是要做到公正公道，不谋私，不乱谋。秘书岗位是"参与政务、管理事务"的特殊岗位，又是领导机关和各职能部门的中介、决策层与执行层的中介。秘书人员接触领导的机会相对较多，进言纳谏的机会较多，与领导的关系较为密切，感情也容易融洽。因此，秘书人员的言谈和行为，往往能影响领导的思维和情绪，在进言纳谏时，往往能影响领导的决策。可以说，领导决策的成功离不开秘书人员的功劳，失误受损也离不开秘书人员的过错。这就要求秘书人员在参与决策、进言纳谏时，必须深思熟虑，而不能信口开河；必须讲党性，而不能搞派性；必须为大多数人谋利益，而不能为少数人谋利益；必须谋公，而不能谋私。在现实生活中，确有个别秘书人员利用特殊身份和特殊情况，从个人私利、小圈子、少数人利益出发，在领导面前讲片面话，讲假话，有意造成领导决策的失误，给工作带来重大损失，这是极不应该的。其二是要做到能科学地指导实践。秘书人员既是领导的贤内助，又是领导的智囊手。平时要经常倾听基层呼声，做到理论与实践相结合。在领导进行具体工作决策时，要立足实情，权衡利弊，讲究出谋献策的科学合理性，指导工作的实用性。使领导的工作思路既符合实情，又贴近实践，富有创造性，起到事半功倍的效果。

在新时期，特别是在新旧体制交替、社会主义市场经济体制初具雏形的特殊历史条件下，我们必须正确对待自己肩负的历史使命和工作职责，要不断学习，实践，总结，更新观念，提高参谋水平，把自己锻炼成为无愧于时代的、合格的秘书人员。

三、决策中的秘书工作

（一）准备阶段的秘书工作

在决策的准备阶段，秘书应围绕着发现问题、确定目标和拟订方案等步骤，做好以下辅助工作。

1. 提供决策课题

一般来说，选定决策课题是领导的事情。但是，对于程序性决策和战术性决策，领导需要秘书发挥参谋作用，为其提供有价值的决策课题。

2. 收集决策依据

信息是决策的科学依据。决策前的信息工作，重点是为领导决策提供各种依据，如事实依据、理论依据、法律依据、政策依据和经验依据等。

3. 拟订备选方案

一般来说，重大的决策，如战略性决策和非程序性决策，其方案的制订应委托决策研究机构。但常规性决策和战术性决策，其方案的拟订常常由秘书承担。即使是由决策研究机构设计的方案，也需要经过秘书的审核。

（二）制定阶段的秘书工作

在决策的制定阶段，秘书应围绕着分析评估、方案选优等步骤，做好以下辅助工作。

1. 征询群众意见

为了实现决策的民主化和科学化，在拟制方案之后，秘书应根据领导的授意或者授权，通过各种方式和渠道，广泛征询下级组织特别是人民群众的意见，听取他们对决策的批评和建议，以便修正、补充和丰富决策方案。

2. 组织专家论证

决策的民主化和科学化，要求领导不仅要尊重下级、尊重群众，而且要尊重知识、尊重人才。组织有各种专长的专家学者，对备选方案进行评估、论证和可行性研究，就是尊重知识、尊重人才的重要体现。秘书应协助领导拟订专家论证计划，组织专家证论会议。

3. 承办决策会议

决策会议是集体决策的重要形式，也是决策科学化的重要保证。它既可以集思广益，充分发挥领导集团的智慧，又可以避免决策中的主观主义、唯意志论和独断专行，充分实现决策的理性化。秘书应根据领导意图，认真筹备和组织决策会议。

（三）审批阶段的秘书工作

在决策的审批阶段，秘书应根据决策会议的决定和上级机关的批示，做好以下辅助工作。

1. 撰写决策报告

凡属重大决策，不仅需要本级机关作出集体决定，而且需要报请上级领导机关或者同级立法机关批准，以取得法律效力。因此，在方案选择之后，秘书应辅助领导撰写决策报告，并及时呈报审批机关。

2. 编制决策实施计划

决策实施计划，是根据已获批准的决策报告，对未来行动进行预想性的部署与安排，为实现决策目标提供行动依据和准绳。"凡事预则立，不预则废。"编制决策实施计划的目的，在于保证决策的顺利执行与成功。秘书要认真研究上级指示，广泛听取多方意见，编制好决策实施计划。

3. 落实行动措施

决策实践表明，有些决策之所以不能贯彻，或贯彻不力，或出现失误乃至失败，往往与决策措施不力或者不落实有关。因此，秘书应主动辅助领导做好决策执行前各项措施的落实工作，做到组织、财物、制度三落实。

（四）执行阶段的秘书工作

在决策的执行阶段，秘书应围绕试验证实和全面实施等步骤，做好以下辅助工作。

1. 协助决策试验

在决策全面实施之前，一般要经过局部试验，以验证方案运行的可靠性，从中取得直接经验,以便在"面"上普遍实施。这就是我们通常所说的"试点"。秘书应及时辅助领导选择试验点,并组织好决策试验工作。

2. 提供反馈信息

围绕决策实施,秘书应着力收集、加工和提供反馈信息,如决策执行中的典型经验、决策执行中的新情况、新问题和新特点,决策执行中的偏差及其原因等。

3. 总结决策经验

总结决策经验是秘书在决策过程中的最后一项辅助活动。它是通过对决策全过程的系统回顾与分析,对以往决策的重新认识和全面评价。这对于提高领导的决策能力和管理水平以及秘书的参谋艺术都具有重要的指导意义。

第二节 督促检查

最近,海潮公司出台了一个新政策。这天,总经理交给秘书张洁一项任务,他让张洁和几个部门经理分别到全国各地的分公司进行督查,看看各分公司是否真正领略了新政策的含义,是否在采取措施执行新政策,此外还要了解一下各分公司对新政策的看法。张洁被派往海南分公司,张洁一来到海南,就开始了全面督查工作。张洁觉得自己是老总的秘书,又是老总派下来做督查的,就处处以"钦差大臣"自居,对分公司的各项工作都指手画脚,且不听分公司员工的想法和意见,一味地采取"高压"政策。分公司的经理实在忍受不了张洁的做法,就向老总反映情况。老总让张洁马上回去,对她进行了严厉的批评。

试分析:(1)张洁的督查工作成功吗?(2)她的问题主要在哪里?(3)如果你是张洁,你应该怎么做?

一、秘书督查工作的性质

督促检查是管理工作中的一项重要内容,也是现代秘书工作的一项重要内容。所谓督查,就是按照领导的指示或者在领导的授权、授意之下,对布置的工作和所应办理的事项进行检查、催办或者督办。

秘书的督查工作同其他的督查工作相比,既不同于一般职能机构的业务督查,也不同于监督部门的专门督查,更不同于领导的领导督查。准确地说,秘书的督查,就是领导授权或者授意下的一种辅助督查。因此,忽视秘书督查工作的辅助性,甚至以"钦差大臣"、

"二首长"自居，是与秘书活动的性质相悖的，在实际工作中也是有害的。

二、秘书督查的范围和方法

（一）秘书督查的范围

随着社会形势的发展变化，工作职能的转变，督查工作的内容和范围愈来愈广泛。从近些年来秘书部门经常接触到的任务来看，秘书协助督查主要有以下几个方面：党和国家路线、方针、政策的执行情况；上级机关和本级机关重大决策的实施情况；上级机关和本级机关重要部署的落实情况；上级领导和本级领导批示、交办事项的办理情况；上级和本级人大、政协、职代会重要提案议案的办理情况；新闻单位重要批评、建议的办理情况；群众反映和要求解决的重大问题的办理情况；领导临时交办事项的办理情况；秘书部门在日常工作中发现的，经领导批准需要督查的事项。

（二）秘书督查的方法

1. 规模督查法

所谓规模督查，就是根据某项重大决策的要求，由领导统帅和督查机构牵头，并集中较多人员对下级组织进行普遍督查的方法。采用规模督查必须具备以下条件：督查内容为重大决策，具有全局性和长远性；督查主体为领导，具有较高权威性；督查计划明确、具体、可行，具有可操作性。由于规模督查涉及的范围广、难度大，其使用的频率不宜过高，而且要防止形式主义。

2. 典型督查法

所谓典型督查，就是督查机构根据自己的判断，有意识地选择若干个有代表性地单位进行督查的方法。运用典型督查法，必须根据督查要求选择典型单位，即选择那些能代表全面情况的单位。其中，既可以选择先进的典型，又可以选择后进的典型，还可以选择中间状态的典型。

3. 专项督查法

所谓专项督查，就是对领导某一批示、交办事项专门进行督查的方法。采用专项督查，必须分清轻重缓急，要事先办，急事先办，限时办结。由于督查的内容和要求不同，专项督查又分为自办、协办和转办。无论采用哪种形式，秘书都要依靠职能部门和下级组织，不可包揽一切。

督查的方式、方法较多，秘书应根据领导的意图，针对督查的不同对象、不同的事项和内容，灵活采用督查方法，以达到督查目的。

三、秘书督查的要领

（一）抓住领导工作的重点、难点和热点

在督查工作中，秘书要抓住领导工作的重点、难点和热点进行督查，因为这些都是领

导推进全局工作的关键。这些关键性工作的顺利推进，对全局工作的展开具有极大的带动作用。这就要求秘书要具备较强的观察能力、分析能力和分辨能力，以便围绕领导工作的重点、难点和热点，实施有效督查，为领导工作服务。

（二）正确理解和贯彻领导的意图

秘书督查是为了实现领导的意图，必须在督查前就学习好有关方针政策法规，正确理解领导决策的主旨、目的、有关要求和标准，准确把握尺度。这样才能在督查中把握分寸，掌握政策界限，不走过场，不谨小慎微，也不自作主张越权办事。

（三）及时反馈信息

领导虽是督查的主持者，但因其他工作要务的需要，有时也会暂时离开去从事其他的工作，或授权秘书进行督查。秘书应将督查中遇到的重要情况及时反馈给领导，与领导保持密切沟通，以便使领导准确把握情况，进行具体的指导。没有领导的主持和正确及时的指导，秘书就无法有效地开展督查工作。

（四）坚持原则，规范督查

督查实践中往往会遇到极为复杂的情况。有人会以种种借口作为拒不执行组织决定的理由，有人会用种种假象掩盖拖拉推诿的目的，还有人会利用各种关系干扰督查的进程。秘书必须协助领导坚持原则，严格按照程序和规范检查、督促，作风扎实，注重实效。绝不能降低标准，更不能掩盖真相。若不能坚持原则，求真务实，督查就会变为毫无意义、费时费事、浪费资源的形式主义。

（五）明确目的，注重效率

开展督查的目的就是要提高效率。秘书不仅要检查执行者的工作效率，督促其提高工作效率，而且自身在督促检查中也要高效运作。检查要全面、深入、快捷；督促要明确、具体、讲时效；反馈要准确、及时、迅速。只有讲究效率才能充分发挥督查的作用。

（六）协调配合，科学有序

督查就是要克服执行中的失调现象和无序现象；其主要任务不是改变既定的决策计划和工作安排，而是按照正确的决定协调配合、有序执行。因此，秘书在督促检查工作中必须注重促进各相关方面按照整体部署达成共识、协调配合，维护组织整体有序运转。

督查要有一套科学可行的工作程序，做到有章可循、有章必循。督查工作程序主要是指在办理决策督查和专项查办过程中的操作方式，一般要经过拟办送审、立项登记、下达通知、催办检查、审核报告和立卷归档等环节。

第三节

协调关系

 案例讨论

某公司办公室秘书小夏在接受王总经理的一份材料写作的紧急任务之后,正急匆匆地往自己的办公室走时,在走廊被分管市场拓展工作的李副总经理叫了过去。李副总经理要小夏赶紧为他找全有关市场经济的重要资料。小夏此时此刻一心只想到完成王总经理布置的任务,对李副总经理说的什么似乎一无所知。李副总经理见他有些走神,又重述了自己的话。秘书小夏听后,觉得有以下方法,可作选择:

(1) 以王总经理布置的紧急任务为由,推脱了事;

(2) 接受李副总经理交办事项,按受理任务先后顺序完成;

(3) 接受任务后回到办公室,向办公室主任汇报,与其他的秘书协商,由他人完成李副总经理交办的事项。

试分析:如果你是秘书小夏,你应该怎么办?

协调就是协调主体运用自己的影响力,调节或者消除协调对象之间的矛盾。一个组织,只有通过有效的协调,沟通信息,解决矛盾,才能形成整体合力,实现共同目标。

一、秘书协调关系的含义和作用

(一) 秘书协调关系的含义

秘书协调关系是指秘书在其职责范围内或者在领导的授权下,调整和改善组织之间、工作之间、人与人之间的关系,促使各项活动趋向同步化与和谐化,以实现共同目标的过程。

(二) 秘书协调关系的作用

秘书处于企事业单位运转的信息枢纽位置,故往往对企事业单位出现的失调现象能够及时敏锐地发现。

(1) 对一般性的、浅层次的失调,秘书进行协调便于把问题化解在萌芽状态,避免酿成更为严重的失调。

(2) 对突发性的、重大的失调,秘书进行协调有利于控制事态,缓解冲突,为领导解决问题做好准备。

（3）对严重的、深层次的失调，秘书及时调查失调的状态、性质、变化态势、影响及失调的原因，并提出有关协调方案的建议，对领导采取协调举措具有重要的参考作用。

二、秘书协调关系的范围和程序

（一）秘书协调关系的范围

1. 内部协调

内部协调就是同一组织机构中部门与部门之间各种关系的协调。内部协调属于平行协调，是秘书协调关系的重点之一，在各类协调中所占比例最大，而且也容易见效。

2. 外部协调

外部协调就是同级组织或者不相隶属组织之间各种关系的协调。随着竞争的日益加剧，外部协调在秘书协调中日益增多，而且日趋重要。由于这类协调具有较强的开放性和动态性，秘书应该通过有效的信息交流和公关艺术去处理本组织与兄弟组织之间的矛盾，以建立相互信赖的合作关系。

3. 上下级协调

上下级协调就是同一组织系统中不同层级之间各种关系的协调，分为上行协调和下行协调。其中，以下行协调较多，而且难度较少。在这类协调中，秘书应该按照组织之间的隶属关系，正确地对待上下级关系，谨慎处理各种矛盾。

（二）秘书协调关系的程序

秘书协调可以通过政策、计划、公文和会议等方式进行，但无论采用何种方式，都必须依照一定的程序进行。根据秘书协调关系的性质，协调工作有以下主要步骤。

1. 受托

秘书的受托行为一般来自上级机关或者领导的指示、本级机关或者领导的交办、同级机关或者不相隶属机关的要求和下级机关的请求。

受托是协调工作的起点，也是秘书协调的依据。秘书对于来自任何一方的委托，都要认真加以登记，其内容包括委托者、受托日期、受托内容、受托要求和处理结果等。

2. 审理

审理就是对受托事项进行审议。审理是协调工作的重要步骤，其目的在于限制协调范围，控制协调数量，以防止"协调升级"和"协调扩大化"。

3. 核查

核查就是对已受理的协调事项进行调查、核实和研究，以便统一认识和行动。在核查阶段，秘书的主要任务是收集协调对象的背景材料；查阅有关的政策规定；进行必要的实地调查；听取主管部门的意见和要求。在此基础上，秘书要拟订协调计划。

4. 协商

协商就是秘书将处理问题的方案同协调各方见面，并通过共同商量以取得一致的意见。协商的方式有个别协商与集体协商、当面协商与私下协商、正式协商与非正式协商、直接协商与间接协商等。不论是选择哪种协商方式，都要以促进协调的成功为准。

协商是协调工作的关键步骤，也是秘书协调的重要原则。秘书应当以平等、谦和的态度，善于同协调各方商量问题，达成共识，解决矛盾。

5. 处理

处理就是在充分协商的基础上，对协调各方一致接受的处理意见作出决定并付诸实施。从本质上讲，处理就是取得共识，协调就是解决矛盾。

协调工作的结果如何，又是对整个协调活动的检验与评价。为了使处理决定变成现实，防止意外情况的发生，秘书应该采用会议纪要或者协议书等书面形式，记录协调的经过与处理意见，供协调各方共同执行，同时也便于秘书机构日后的督查、立卷和归档。

三、秘书协调关系的要领

（一）注重与组织目标的一致性

秘书协调不是无原则的和稀泥。违背组织目标地充当和事佬对组织是不利的。秘书必须在遵从组织原则，在有利于实现组织目标的前提下，确定协调的出发点和归宿。

（二）注重对变化的适应性

组织运转中出现的失调现象，不少是由组织内外环境条件变化引发的。若秘书不善于在协调中适应这种变化，就很难取得良好的效果。秘书必须将失调现象与环境条件的变化结合起来分析研究，因势利导，善于变通，原则性与灵活性结合，这样才能有效协调矛盾。

（三）注重非权力支配性

秘书协调与拥有法定权力的领导协调不同，不能用（也不具有）强制的支配性的权力，不能采取命令、指示的方式，只能明之以事，晓之以理，谋求认同进行协调。

（四）注重非职责限定性

秘书协调很难用确定的岗位职责限定其范围和标准，只能按照具体领导工作的需要和失调现象出现的几率，以及秘书自身发现问题和处理问题的协调能力，相机处理。对秘书而言，工作责任感强，协调能力高，其协调范围就大；反之，则小。

（五）注重沟通疏导性

秘书协调的优势在于其信息灵，沟通便利，能够将新的情况、发展趋势、变化要求等及时提供给有关方面，促进其认清形势，把握动态，跟上发展的步伐，从而与组织运转保持协调一致。

（六）注重量力适度性

秘书协调能够化解和缓解部分失调问题，但无法解决所有的失调问题。对管理中出现的深层次的严重失调问题，秘书只能为领导提供信息、调查研究、出谋献策及提供事务服务等，充当参谋与助手。对于本来是秘书无力协调的问题而不自量力超越限度去进行协调，则很可能产生负面影响，使问题越来越严重，甚至引发新的问题。

阅读材料

秘书怎样提高自己的"协调"艺术①

作为秘书，要高度重视协调工作，认真研究协调艺术，掌握协调的规律和方法，真正成为领导放心、机关信赖的"协调通"。

一、大事要"硬"协调

大事是对全局起决定作用的中心工作，是主要矛盾在单位建设中的表现和反映。为此，在进行协调时，秘书要力争做到以下三点。第一，要认真贯彻落实上级的"硬杠杠"。在大事的协调处理上，上级的路线、方针和政策都有明确的内容、标准和要求，这是协调时不可逾越的红线。秘书只有做到烂熟于心，才能在协调时认真执行这些硬性规定，准确无误地落实好上级的相关指示。第二，要弘扬不屈不挠的"硬骨头"精神。紧紧依靠规章制度办事，并不意味着所有的问题都会迎刃而解。在协调工作中，秘书经常会遇到一些意想不到的情况。此时，秘书一定要坚定立场，维护规章制度的权威性，切不可屈从于人为压力变成"软骨头"，作出违背党性原则的事。第三，要保持敢想敢干的"硬脾气"。在大事的协调过程中，秘书不仅要善于发现机构设置、职责分工、政策法规等诸方面的弊端，而且要敢于向上级领导提出合理化建议，改革不合理的机构，修订不完善的政策法规，堵塞不该有的漏洞。总之，秘书要从维护全局利益出发，抓好大事的"硬"协调工作，以实现单位工作的高效、一致、和谐。

二、急事要"热"协调

急事的最大特征就是突发性和时效性强，要求处置果断、快速、准确、稳妥，符合客观实际和上级意图。秘书在协调这类事情时，第一，要把握好"火候"。秘书代表的是上级领导和机关，在协调一些突发性事件时，不能越俎代庖，轻易干预下级单位工作的独立自主权。要督促他们及时上报事态发展的趋势，综合方方面面的情况，实时地向上级领导进行请示报告，确定自己介入的最佳时机。第二，要善于趁热打铁。一旦开始协调，秘书就要积极联系相关单位和个人，统一被协调各方的思想。当各方都表现出服从协调的热情和意向时，要紧紧抓住有利时机，趁热打铁，紧锣密鼓，协调一致地完成任务。同时，要及时吸取协调中的经验做法，形成相关的工作预案。第三，要随时保持与领导的热线联系。领导总揽全局，说话有深度、有力度，对协调工作的开展会起到很大的作用。所以，秘书要及时向上级领导汇报事件的进展情况，认真听取他们的指示意见，寻求他们在各方面的支持。总之，秘书用"热加工"的方法处理突发性事件时，要因人、因事、因时而异，快速准确地达到协调目的。

三、难事要"软"协调

在协调关系的过程中，下级单位和领导的不配合是件让人头痛的事情。遇到这种情

---

① 资料来源：知遇网。

况，秘书要从全局利益出发，采取正确的协调方法。第一，要维护团结，进行软包装。事情发生后，秘书要利用各种场合，维护事发单位和相关人员的形象，减小影响的范围，防止事态进一步扩大。同时，要在领导面前为其进行相应的"包装"，以免丧失下一步协调的主动性。第二，要放下架子，进行软沟通。出现这些难事，可能是秘书在协调时没有掌握好分寸，有指手画脚的现象，造成协调对象不买自己的账，并以"这不是我们的职责范围"等理由来进行搪塞。此时，秘书要从尊重对方的角度出发，放下架子，加强沟通，争取得到对方的谅解和支持，共同把事情做好。第三，要冷静应对，进行软处理。在协调过程中，个别单位和个人可能有阳奉阴违、出工不出力的现象。对这种情况，秘书要适当拖一拖、放一放，酝酿一段时间再进行处理，切不可因小事误了大局。总之，当不配合的难事发生时，秘书一定要从减轻事态的影响出发，"软硬兼施"地协调好各方面的关系，为全局工作地顺利进行创造充足的条件。

四、小事要"暗"协调

机关工作中有些事情虽小，但协调处理不好也会牵动大局、影响大局。对于这些比较琐碎、不宜公开协调的事情，秘书人员应采取"暗"协调的方式进行处理。第一，要穿针引线，暗中化解。机关的同事之间因合作关系发生摩擦是很正常的事情，而且当事人都不想把事情闹僵，影响自己的成长和进步。在进行协调时，秘书要当好地下交通员，暗中进行积极的说和，疏通彼此之间存在的隔阂，促使双方握手言和，"一笑泯恩仇"。第二，要设身处地，暗中帮助。秘书经常与司机、打字员等打交道，对他们的个人情况，特别是家庭和婚姻方面出现的问题比较了解。协调时，要注意保守他们的秘密，在思想上积极引导，在物质上提供力所能及的帮助。必要时，可联系相关单位和个人，共同解决他们的问题，消除单位潜在的隐患。第三，要遵循原则，暗中通融。秘书身份特殊，经常会有一些基层单位的同志请求给予关照。对待这些问题，秘书不能断然拒绝，伤害同志之间的感情，而是要在原则允许、不损害他人利益的范围内，积极主动地出主意想办法，最大限度地满足他们的要求。总之，在现实工作中，秘书要正确运用"暗"协调的工作方法，处理好方方面面的关系。

五、特事要"冷"协调

作为秘书，工作上的特事是指领导的特意吩咐、同事的特殊情况和自己的特别遭遇。在协调处理时，一定要用"冷处理"的方法来应对。第一，要冷静应对领导的特意吩咐。这些事情，有的公私兼顾，有的纯粹是领导个人的私事；有些可以去办，有些因涉及原则问题不能办。但作为下属，不办又不好，因而要冷静地进行处理。但违背原则的事情，秘书应委婉地提醒领导不能办，不能因为怕遭到领导的冷遇，姑息迁就，投其所好。第二，要冷静面对同事的特殊情况。工作中的热点、难点等敏感问题，可能会损害一部分同事的切身利益。当这些人来诉苦、抱怨时，秘书不能火上浇油，激化矛盾。正确的方法是要认真倾听，以静制动，待对方情绪稳定后，再"泼冷水"，耐心进行调解。第三，要冷静处理自身的特别遭遇。因自身利益的得与失，秘书受到别人的"特别关注"是很正常的。此时，秘书不能得意忘形，不能灰心丧气，要保持头脑冷静，一如既往地投入到本职工作中去。总之，秘书在运用"冷"协调时，必须学会控制自己的情绪，以"宰相肚里能撑船"、"无故加之而不怒"的宽广胸怀，沉着稳重地处理他人和自身问题。

六、私事要"明"协调

在一个单位中,秘书有自己的私人关系是十分正常的。但秘书位置特殊,在相互交往时必须把话说在明处,把情放在明处,把事做在明处。第一,要"当面锣,对面鼓",把话说在明处。在私人关系需要自己协调事情时,要认真细致地把单位的相关规定和自身能起到的作用讲在明处,不说官话、套话,不怕说丑话,督促其消除"近水楼台先得月"的侥幸心理,通过正常的渠道解决自身问题。第二,要把情放在明处。秘书在协调私人关系的事情时,要一身正气,两袖清风,把个人之间的情谊放在党性原则的框架内,严格按规章制度办事,不能顾及面子,贪赃枉法,徇私舞弊,作出有损单位利益、违犯党纪国法的事。第三,要把事做在明处。在单位内协调私人关系的事情,秘书要遵循单位的规则,能回避的坚决回避。如果能直接参与的,要积极地向领导和有关部门汇报真实的情况,尽自己最大的能力协调好,绝不能明一套暗一套,欺瞒领导和组织,损害单位的形象。总之,在协调处理私人关系的事情时,秘书一定要以真诚、坦诚和忠诚的态度,把能协调的事情处理好,达到"心底无私天地宽"的境界。

第四节

保守秘密

案例讨论

某公司员工小陈想弄清自己下一步的工作安排,就去找当秘书的好朋友小张,刚进小张办公室的门他就听到这样一句话,"噢,今天来又要刺探点什么'情报'啊?"小陈听后觉得不悦,立刻说:"你也太警觉了,我可不是为这个而来。"

试分析:秘书小张是如何严守秘密的?

保守秘密是秘书工作的又一项重要职能。秘书部门位于整个工作系统的中枢位置,秘书与领导有非常密切的接触,知密早,知密多。为了维护国家和本单位的利益,秘书部门及其秘书必须牢固树立明确的保密意识和保密观念,确保国家和本单位的秘密不外泄。

一、保守秘密的含义

所谓保守秘密,就是人们把不让外界知悉的秘密加以保守和保护,使之不外泄的行为。

秘密和保密是两个既有联系又有区别的概念:秘密是指事物,保密是指行为;秘密是保密的对象和客体,保密是秘密的条件和保证;秘密具有隐蔽性、莫测性和时限性等特征,保密具有封闭性、排他性、利益性和相对性等特征。

保守秘密,特别是保守国家秘密,既是秘书的一项重要纪律,又是秘书活动的一条重要原则。在当今社会竞争激烈的形势下,为了国家和社会的安定团结,为了构建和谐社会,秘书增强保密意识,做好保密工作,显得尤其必要和重要。

二、保密工作的特点

(一) 封闭性

保密工作的封闭性是由秘密的本质属性决定的。任何类型的秘密,如果不人为地加以保守和保护,就会泄露出去,或者被外人窃取。所以,保密工作说到底就是对自己的秘密采取各种防范措施,不使之外泄。保密实践表明,在保密范围和保密期限内,秘密被封闭得越严密,保密和保密工作就越有成效。

(二) 相对性

保密的相对性是指保密有一定的范围和一定的时间。其具体表现是:任何保密都有时间性,此一时保守的秘密事项,彼一时就可能成为公开的信息;任何保密都有空间性,再绝密的事项也有一定的知密范围,哪怕是一两个人;密与非密没有固定不变的界限,超过了一定的界限,保密也就失去了价值。

(三) 排他性

所谓排他性,就是对于不该知密的外部势力,坚决予以抵御与排斥。党和国家设置的保密机关,立法机关和行政机关发布的保密法规,以及对失、泄密事件所采取的法律和行政措施等,就是保密的排他性在实际工作中的体现。

(四) 利益性

从根本意义上说,保密就是为了保护某种利益,使之不受或者少受损害。保密对于国家来说,是维护国家的安全和利益;对于企事业单位来说,保密是维护企事业单位的安全和利益。如果保密与利益无关,保密也就失去了意义。可以说,维护某种利益是保密的基本出发点,也是保密的根本目的之所在。正因为如此,保密才受到世界各国和各个行业的普遍重视。

(五) 群众性

根据《中华人民共和国宪法》第53条的规定,保守国家秘密是公民的义务。根据《中华人民共和国保密法》(以下简称《保密法》)第3条的规定,一切国家机关、武装力量、政党、社会团体、企事业单位和公民都有保守国家秘密的义务。这是因为,与广大人民利益密切相关的国家秘密广泛存在于各行各业之中,只有动员人民群众加入保密工作的行列中来,才能最大限度地保守秘密。

三、保密工作的方针与国家秘密的范围

(一) 保密工作的方针

1. 积极防范

保密工作本身是一种防范性工作,这是由保密工作封闭性的特点所决定的。要把立足点放在预防上,以防为主,防患于未然。要积极地防范,把防范工作做在前面,最大限度地减少以至杜绝泄密、窃密事件的发生。不能简单地把保密工作局限在追查失密、窃密事件上。

2. 突出重点

突出重点是指在保密工作中,要在密级、部位和人员等方面,区别情况,确保重点,带动一般。保密工作的重点是:从秘密的层次上来说,国家秘密是重点;从秘密的等级上来说,绝密级是重点;从秘密的分布上来说,国家秘密相对集中的地区和部门是重点;从涉密的人员上来说,接触国家秘密较多的各级领导和经管国家秘密事项的专职人员是重点;就秘书部门而言,所经办的绝密文电、重要的会议和活动、重大的经济情报、关键的技术指标等都属保密的重点。

3. 既确保国家秘密,又便利各项工作

既确保国家秘密,又便利各项工作是指在保密工作中,要正确处理保密与各项工作的关系。保密工作要结合各项业务工作进行,各项业务工作又必须严守国家秘密,使两者相互兼顾,融为一体。如果孤立地强调保密,不允许依法接触、利用国家秘密,就不利于进一步改革开放和现代化建设顺利进行;如果片面地强调工作需要,不严守国家秘密,甚至泄露国家秘密,就会使国家的安全和利益遭受损害。确保秘密与便利各项工作的开展是事物的两个方面,要妥善处理,该保密的一定要保密,不该保密的一定要开放。要有领导、有控制地放宽对非核心秘密的限制,以有利于各项工作的开展。

(二) 国家秘密的范围、等级及保密纪律

1. 国家秘密的定义

我国《保密法》的第2章第2条对"国家秘密"的定义作了明确的规定:国家秘密是关系国家的安全和利益,依照法定程序确定,在一定时间内只限一定范围的人员知悉的事项。

2. 国家秘密的范围

我国《保密法》对国家秘密的范围作了切合实际的规定:国家事务的重大决策中的秘密事项;国防建设和武装力量活动的秘密事项;外交和外事活动中的秘密事项以及对外承担保密义务的事项;国民经济和社会发展中的秘密事项;科学技术中的秘密事项;维护国家安全和追查刑事犯罪中的秘密事项;其他国家保密工作部门确定应当保守的国家秘密事项。

3. 国家秘密等级

密级的划分,是依据国家秘密事项一旦泄露后,对国家的安全和利益损害的程度来区

分的。我国《保密法》将国家秘密的等级分为"绝密"、"机密"和"秘密"三级。"绝密"是最重要的国家秘密,泄露会使国家的安全和利益遭受特别严重的损害;"机密"是重要的国家秘密,泄露会使国家的安全和利益遭受严重的损害;"秘密"是一般的国家秘密,泄露会使国家的安全和利益遭到损害。

4. 保密工作纪律

保守秘密,特别是国家秘密,是每一位公民、党员和国家公务员的基本义务。对于秘书来说,保守秘密则是一条重要的纪律。

秘书特别是机要人员,要严格遵守:不该说的机密,绝对不说;不该问的机密,绝对不问;不该看的机密,绝对不看;不该记录的机密,绝对不记录;不在非记录本上记录机密;不在私人通信中涉及机密;不在公共场所和家属、子女、亲友面前谈论机密;不在不利于保密的地方存放机密文件、资料;不在普通电话、明码电报、普通邮局传达机密事项;不携带机密材料游览、参观、探亲、访友和出入公共场所。

阅读材料

窃取可口可乐商业机密　前女秘书被判入狱八年①

美国一家法院23日以窃取商业机密的罪名,判处一名可口可乐公司前秘书8年监禁。这名女秘书2006年窃取可口可乐机密商业文件和产品样品,试图伙同其他两人将机密出售给百事可乐公司。

美联社报道说,法院判罚严厉,显示了对知识产权保护的重视。

与此同时,宣判再次引起人们对可口可乐神秘配方的好奇。

一、严厉判罚

这名女秘书是42岁的何亚·威廉斯,曾在可口可乐公司当行政助理。同案犯易卜拉欣·迪姆松被判处5年有期徒刑,另外一名案犯埃德蒙·杜汉尼将另外宣判。

此外,威廉斯和迪姆松还分别被判向可口可乐赔偿4万美元。

美联社报道说,尽管威廉斯在法庭上道歉,恳求法院轻判,但亚特兰大地区法院法官欧文·福里特斯不为所动,8年超出了联邦检察人员的建议刑期。

威廉斯当庭对自己的罪行道歉,说自己不是有意蔑视法律。

她说:"这次惨痛的经历,让我觉悟到更多,这个时刻对我的一生意义非凡。我从来不想出名,现在却臭名远扬。"

福里特斯说:"选择产生后果,她自己作出了那些选择。她自己选择受到审判,而且在法庭上撒谎。"

威廉斯在审判初期辩称自己无罪。同时,威廉斯的律师多次宣称威廉斯没有前科,但法庭后来发现威廉斯曾两次被定罪。

---

① 资料来源:第一食品网。

二、"倒卖"被捕

这桩商业机密盗窃案发生在2006年，地点是可口可乐公司位于亚特兰大的总部。美国联邦调查局参与其中，案情包括机密文件失窃、告密、密谈、警方圈套等，颇具戏剧性。

威廉斯先是窃取了可口可乐公司一种新产品的机密材料和样品，藏进手提包里带出总部大楼，随后将这些材料和样品交给迪姆松和杜汉尼。

迪姆松随后给百事可乐公司寄信，声称自己是可口可乐"高级雇员"，手中有百事可乐公司感兴趣的机密材料。美联社报道说，迪姆松最终的要价高达150万美元。

他们没料到的是，百事可乐公司将此事告知了竞争对手可口可乐公司，后者立即向联邦调查局报案，并很快通过总部办公室内部监控录像查出"内鬼"威廉斯。

联邦调查局随后设计圈套，派出特工化装成百事可乐公司高级员工与迪姆松接头。迪姆松向百事可乐发送了14页印有"机密"标记的可口可乐公司内部文件，并先后接受了特工支付的5000美元和3万美元。

在掌握足够证据后，联邦调查局于2006年7月将迪姆松等三人逮捕。

三、神秘配方

美联社报道说，威廉斯窃取了可口可乐公司一种尚未上市的新产品信息和样品，但并不是可口可乐公司颇具神秘色彩的配方。

报道说，配方是可口可乐公司的最高机密，据说存放在亚特兰大一家银行的保险箱中，只有可口可乐公司高层两三个人可以接触到。

美联社报道说，配方没有申请专利，因为专利在20年后就可以作为公共信息公开，公司版权也会在公布95年后或创造120年后过期。

报道说，像可口可乐这样的大公司对商业机密采取严格保密的做法，并对员工背景严格调查，防止泄密。

此外，案件也反映出知识产权的重要性。

亚特兰大地区法院法官福里特斯23日在宣判后说："当全球经济进入市场时代后，保护知识产权对于美国公司和美国经济成长至关重要。"

四、秘书工作与保密

由于秘书部门及秘书的特殊地位，决定了秘书与领导的接触频繁，知密早，知密多且深，所以，秘书的保密成为重点。秘书应该具有强烈的保密意识，工作中要小心谨慎，切不可粗心大意。

（一）秘书保密的范围

1. 文件保密

文件是企事业单位秘密存在的主要形式。做好秘密文件的保密工作是秘书保密工作的重要内容之一。在文件密级的确定，秘密文件的发放，文件稿本的保管和秘密文件的复制，秘密文件的邮递、绝密文件的递送、秘密文件的交接，秘密文件的收发、分送、传阅和借阅,秘密文件的存放、清理、销毁和归档等环节上,都必须建立严格的保密制度。

2. 会议保密

会议是决策议事的一种重要方式,任何一个企事业单位都有一些带有保密性质的会议,秘书要重视会议的保密工作。

(1) 会前的保密工作。

① 凡涉及秘密的会议,应该严格确定出席、列席人员,对会议工作人员也要严格审查。未经批准,无关人员不得进入会场。

② 召开秘密程度较高、较大型的会议,主办单位要与保卫部门、保密部门取得联系,要求专人负责保卫保密工作,制定会议纪律和保密措施。

③ 选择会场的地点及会场的扩音、录音等设施,要有安全保障。会址选择要利于保密。尽量不在饭店和内、外宾混住的宾馆召开秘密会议。

(2) 会中的保密工作。

① 加强保密教育。

会议一开始,就应该宣布会议保密纪律。任何与会者,不得擅自向外泄露会议秘密,各新闻采访单位的到会人员所采写的新闻必须经过会议组织者的审查。

② 会议文件和录音、录像管理。

会议秘密文件要划定密级,统一编号。登记后按照规定范围分发。绝密文件,休会时应该交会议保密室集中保管。如发现文件丢失,应立即报告,及时采取补救措施。秘密会议须录音、录像的,必须事先批准,录音带和录像带应作密件保管。

(3) 会后的保密工作。

① 文件回收。

会议结束后,凡需收回的秘密文件必须按照要求回收。工作人员应清理会议场所,不能遗落会议资料和笔记本。

② 传达精神。

与会人员只能按照会议要求在指定范围传达会议精神,不得擅自扩大范围。

3. 涉外保密

在国际交往日益频繁的新形势下,秘书的涉外活动也随之不断增加。为了做好涉外方面的保密工作,涉外单位和非涉外单位的秘书必须熟悉和遵守有关的保密规定。涉外保密如下。

(1) 在涉外活动中,既要热情友好,以礼相待;又要提高警惕,内外有别,防范可能发生的情报收集活动。

(2) 任何涉密单位,未经主管部门批准,不得擅自接待外国人参观访问。

(3) 凡有涉外接待活动的单位,均应从实际出发,划清密与非密、核心秘密与非核心秘密的界限,做好保密工作。

(4) 参加外事活动的人员和出国人员,不得携带秘密文件、资料和笔记本等。

(5) 接受外国常驻人员的单位,包括中外合资企业,不准让外国人接触我方秘密文件和参加秘密会议,也不准在外国人面前谈论秘密事项。

4. 通信与办公自动化设备使用过程中的保密

随着现代科学技术的发展与普及,现代化的通信与办公设备已成为人们不可缺少的办公手段。这些设备的使用,提高了办公的效率和质量,但同时也给保密工作带来了新的问题。无线通信易于被窃听,计算机的电磁波辐射泄密、存贮泄密等都是实际存在的。对于这些问题,除了采取一些必要的技术措施外,秘书还应切实做到:秘密信息必须在采取了保密措施的各种有线、无线通信工具和计算机网络中传输,如发传真,应当加密传发;遵守"明来明复,密来密复"的原则,不在加密通信渠道中输送一般信息;未经主管领导批准和因特定的工作需要,不能使用本单位的通信工具擅自与境外的机构或者人员联络。

5. 特定信息的保密

作为企业秘书,还要做好组织中特定信息的保密工作,如人事信息、财务信息、产品信息、客户信息等。做好这些特殊类型信息的保密工作是极为重要的,如果不注意它的安全,让不该得到的人得到它,将会给组织带来极大的影响和损失。

(二) 秘书工作中信息安全保障措施

1. 口头信息的安全保障措施

(1) 组织中所有成员上岗时即应被告知不要在组织内部或者外部谈论有关单位的保密信息,包括对其他工作人员、客户、朋友或者亲属。

(2) 秘书使用电话时,在没有确认对方身份和是否被授权获得信息之前,不要通过电话、手机、答录机给出保密信息。

(3) 秘书只能向来访者提供组织允许提供的信息,若超出范围,应当向领导汇报。

(4) 秘书应该遵照会议的要求传达会议信息。

2. 纸面信息的安全保障措施

纸面信息包括用纸张和各种胶片等物质作为载体的文字、表格、图形等信息,秘书要做好纸面信息的安全保障,可采用下述措施:

(1) 接收任何保密文件、资料等都要签收并登记;

(2) 文件或其他纸面保密信息只发给或传阅到被授权的人员,并要签收;

(3) 在传递保密文件或资料时,要放在文件夹、盒中携带,以防失密或散落丢失;

(4) 所有保密的信息应归类在专用文件夹中,并清楚标明"机密",保存在带锁的、防火的柜子里;

(5) 离开办公室时,不把机密信息和文件留在办公桌上,而应当锁入抽屉或者柜子,并锁好门窗;

(6) 用邮件发送保密信息,信封要贴封口,并标记"秘密或保密";

(7) 为了确保安全,高密级信息可以由工作人员亲自送交收件人;

(8) 复印完成后应将保密原件取走,不要留在玻璃板上;

(9) 当传真保密信息时,需使用具有保密功能的接收设备或者要求接收人等在传真机旁即时收取;

(10) 极为重要且不常使用的纸面信息可以制成缩微胶片,保存到银行保险柜里;

(11) 不再需要的保密文档要及时销毁。

3. 电子信息的安全保障措施

(1) 计算机显示器应放置在他人看不到屏幕的地方,如果来访者走近,应该迅速滚动页面或者关小亮度,或者关闭电脑显示器。

（2）秘书在计算机打印保密材料要人不离机，负责保存和传递。

（3）秘书在提交电子信息给他人之前，应与领导核实，不能给未被授权的人。

（4）每一个使用者应该有自己的识别码，密码必须保密，经常更换；秘书应该使用密码来保护计算机数据，并定期更换。

（5）计算机必须经常进行查毒、杀毒，并为了安全，不要安装借来的程序。

（6）重要的文件要做备份，并存储在安全、加锁的地方，但要记住磁盘不能保存在过热的和过冷的地方。

（7）有保密信息的储存设备一定要妥善保管，尽量不外带，以防止数据落到不应得到这些信息的人手上。

（8）计算机应该安装警报系统，防止信息被盗。

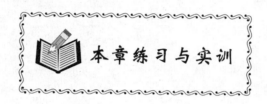

本章练习与实训

一、思考与练习

天津市第六中药厂技术人员谢青为制作贩卖假药分子提供属国家机密级保密项目"速效救心丸"产品的配方和制作工艺，于1995年3月22日被天津市北辰区人民法院以泄露国家重要机密罪依法判处有期徒刑二年。

天津市第六中药厂生产的"速效救心丸"是治疗心脏病的药品，其增加"冠脉血流量，缓解心绞痛"的作用已广为人知，是全国中医院首批急症用药之一，被国家有关部门认定为世界独有的国家指定急救药品，根据《保密法》的有关规定，按照科技保密法定程序，该项目被国家医药管理局和国家科技保密办公室确定为国家机密级保密项目。

1994年5月，制造贩卖假药分子黄恩庆等人找到当时任天津市第六中药厂药剂师的谢青，提出让谢青传授制造"速效救心丸"的方法，自行生产假药。谢青在接受黄恩庆等人的宴请后，遂将"速效救心丸"的配方、生产工艺以及部分原料提供给黄恩庆等人，并开列清单让黄恩庆等人购置生产工具和原料，随后谢青亲自操作示范传授制作滴丸技艺。1994年5月至7月间共非法生产出售假冒"速效救心丸"100公斤，非法获利2.2万余元。此后，黄恩庆等人再次非法生产假冒"速效救心丸"30公斤并分装4万个药瓶，尚未出售便被公安机关抓获。此案被新闻界以打假典型予以披露后，天津市科委科技保密处及时与市医药局、市中药集团、市第六中药厂和北辰区法院取得联系，深入第六中药厂进行调查了解，初步认定为涉嫌泄露国家秘密并及时上级主管部门。随即成立了由国家科技保密办公室、国家保密局、市国家保密局、市科委组成的联合调查组进行更深一步的调查。后经北辰区人民法院周密细致的审理，确认谢青故意泄露国家机密级保密项目，已构成泄露国家重要机密罪，依法判处谢青有期徒刑二年，其余案犯也受到法律制裁。

请你结合上述案例分析保密工作的重要性和意义。

二、实训

根据要求撰写相应的文书。

假设你是先锋集团总裁办公室秘书,该集团属于IT行业。现行政总监请你协助他草拟一份1000字的秘书保密工作培训讲稿,题目是《管住自己的"嘴"和"手"》(注:管住"嘴"就是知密不泄密,管住"手"就是保证经手的纸面信息和电子息的安全)。请你准备这份培训讲稿。

第五章

秘书职业形象设计

第一节

秘书外形与仪态设计

案例讨论

东华公司办公室人员小沈能讲一口流利的法语,小陈则很喜欢打扮。公司明天要与法国某公司谈判,古总经理叮嘱担任翻译的小沈和作会议记录兼会议服务的小陈要好好准备。小沈和小陈除了在文本、资料等方面作了准备,还化了一番工夫进行了打扮。

正式会谈这天,只见坐在古总经理一旁的小沈衣着鲜艳,金耳环、大颗宝石戒指闪闪发光,这使得古总经理身上的那套价值千元的名牌西服也黯然失色。

古总经理与法国客商在接待室内寒暄时,小陈拿来了托盘准备茶水,只见她花枝招展,一对大耳环晃来晃去,五颜六色的手镯碰桌有声,高跟鞋叮叮作响。她用手指从茶叶筒中拈了一撮茶叶放入杯中……这一切引起了古总经理和客商的不同反应。客商面带不悦之色,把自己的茶杯推得远远的,古总经理也觉得尴尬。谈判中讨价还价时,古总经理一时性起,双方争执起来,小沈站在古总经理的一边,指责客商,客商拂袖而去。古总经理望着远去的客商的背影,冲着小沈说:"托你的福,好端端一笔生意,让你给毁掉了,无能!"

小沈并不知道自己有什么过错,为自己辩解:"我,我怎么啦!客商是你自己得罪的,与我有什么关系?"

试分析:(1)小沈和小陈的穿着打扮、言谈举止是否正确?(2)正确的做法应该是怎样的?

形象设计的内容既包括外在形式,如服饰、化妆等,也包括内在修养的外在表现,如气质、举止、谈吐、生活习惯等。由此,秘书形象设计大体可分为两部分,一是秘书外形的塑造,二是秘书举止的锤炼。

一、秘书外形设计

(一)秘书外形设计原则

秘书职业外形的塑造对于职场新人来说是个重要的课题。首先,秘书形象必须清洁、整洁。如男士没有满身的烟味、邋遢的胡须、皱巴巴的衣服、四处滋生的胡须毛发,相信是对身边每一个人的尊重。其次,秘书形象必须专业。专业外形需要专业服装来打造。男士西装和女士职业套装都是最佳的选择。

（二）秘书服饰选择

服装能够帮助人们建立自信，帮助穿衣者沉着自如、优雅得体地表现。据社会心理学家估计，第一印象的93%是由服装、外表修饰和非语言的信息组成。优秀的服装能够增加着装人的成就感，它让着装人表现得自豪、沉着、优雅、出众。作为秘书，服饰的选择是塑造职业形象很重要的一部分内容。

1. 男士西装的选择

西装，通常是公司企业从业人员和政府机关从业人员在较为正式的场合男士着装的首选。

（1）西装款式的选择。

西装有套装（正装）和单件上装（简装）的区别。套装要求上下装面料、色彩一致，两件套西装再加上同色同料的背心（马甲）就成为三件套西装。

（2）西装颜色面料的选择。

在正式交际场合使用的西装，色调应比较深，一般是蓝色、灰色居多；面料最好用纯毛面料，或者是含毛比例比较高的混纺面料，达到悬垂、挺括、透气的效果，显得比较高档、典雅。在半正式交际场合，如在办公室参加一般性的会见，可穿色调比较浅一些的西装。

（3）衬衫的选择。

穿西装时，需要搭配各式衬衫。在正式交际场合，衬衫的颜色最好是白色的。衬衫袖应该比西装袖长出1~2厘米，衬衫领应该高出西装领1厘米左右。衬衫下摆必须扎进裤内。衬衫必须是长袖的才可以系领带，长袖衬衫系领带限于室内活动，如果外出一定要穿上外套；若不系领带，衬衫最上面的扣子不要扣上，领口应敞开。

（4）领带的选择。

领带是西装的灵魂。经常更换不同的领带，能给人以耳目一新的感觉。领带在颜色上首先要与西装的颜色保持同色系，其次要与衬衫的颜色保持同色系。西装、领带和衬衫的颜色要遵循由浅入深或者由深入浅的原则。领带长度以到皮带扣处为宜。如穿马甲或者毛衣时，领带应放在它们后面。如果使用领带夹，一般夹在衬衫的第四五个纽扣之间。

（5）鞋袜的选择。

庄重的西装要配深褐色或者黑色的皮鞋。鞋的质量很重要，保持皮鞋发亮、不皱。袜子的颜色应比西装深一些，首选黑色，质地首选纯棉、纯毛的。

2. 穿西装的注意事项

穿西装要拆除商标，即购买回来的西装一定要拆除左衣袖上的商标、纯羊毛标以及其他标志。

保持西装外形的平整洁净。西装要定期干洗，穿着前熨平整。

注意内衣的搭配。西服的标准穿法是西装里面直接穿着衬衫，而衬衫之内不穿棉纺或者毛织的背心、内衣。

慎穿毛衣。在西装上衣之内，原则上不允许穿毛衣。如果在冬季时实在寒冷难忍，也只宜穿上一件薄型"V"领的单色羊毛衫或者羊绒衫。

正确系好西装纽扣，总的原则是"扣上不扣下"。

西装口袋的装饰作用多于实用价值，所以不能让口袋显得鼓鼓囊囊，使西装整体出现走样。

穿西装正装时，要遵循"三色原则"，即全身上下的颜色不能多于三种。鞋子、腰带和公文包应该是一个颜色，且首选黑色。

 阅读材料

西服的版型

从版型上讲，目前世界上流行的西服有三种风格——欧版、美版和日版。美版西装的外形轮廓为O形，宽松、肥大、舒适；欧版西装剪裁得体，强调垫肩，肩部方正和后腰尤为得体，显出男性的肩、胸，外形轮廓为倒梯形，双排扣较多；日版西装的外形轮廓为H形，更适合中国人身材穿着。

服装色彩搭配与组合的基本方法

服饰色彩搭配与组合的基本方法大体可分为以下三种。

一、运用同一色系中各种明度不同的色彩进行搭配与组合

同色系中深浅程度之间的衔接与过渡要自然、平稳，避免生硬，明度差异不宜太大，意在以简洁的配色来创造一种和谐的美感。

二、运用相近的色彩进行搭配与组合

如红配黄，黄配绿，绿配蓝，白配灰等；运用相近的色彩配色，自由度较大，但难度也较大，应遵守服饰礼仪的"三色原则"，即在正式场合，所使用的服饰配色包括西服套装、衬衫、领带、腰带、鞋袜等在内的一切服饰，不应超过三种颜色。

三、运用对比色进行搭配与组合

如红与蓝，黄与蓝，黄与紫，绿与紫，黑与白等。对比色是由两种相互排斥的色彩组成，运用得当，可以相映生辉，给人以清新、明快、耳目一新的感觉。

3. 女士套裙的选择

套裙，是西装套裙的简称。上身为一件女式西装，下身是一条半截式的裙子。套裙会使着装者看起来精明、干练，而且还能烘托出白领丽人所独具的娇柔和妩媚。

（1）套裙的基本类型。

一种是用女式西装上衣和随便的一条裙子进行的自由搭配组合成的"随意型"，一种是女式西装上衣和裙子成套设计、制作而成的"标准型"。

（2）套裙的质地。

在正式场合穿着的套裙，应该由高档面料缝制，上衣和裙子要采用同一质地、同一色彩的素色面料。在造型上讲究为着装者扬长避短，所以提倡量体裁衣、做工讲究。上衣注重平整、贴身，样式简洁大方。裙子要以窄裙为主，并且裙长要到膝或者过膝。

（3）套裙的色彩。

套裙的色彩以冷色调为主，应当清新、雅致，以体现着装者的典雅、端庄和稳重。通常采用藏青、炭黑、茶褐、土黄、紫红等色彩，最好不选鲜亮抢眼的颜色。

（4）鞋袜的选择。

最好选用黑色的高跟、半高跟的船式牛皮鞋，和套裙色彩一致的皮鞋也可以选择。但最好不要选择色彩鲜艳的皮鞋。袜子以单色的尼龙丝袜最为合适。袜子可以选用肉色、黑色、浅灰和浅棕等几种常规色彩。还要注意的是鞋、袜和裙之间的颜色是否协调，鞋和裙的色彩必须深于或者略同于袜子的色彩。

4. 套裙穿着注意事项

一是要合体。上衣最短可以齐腰，裙子最长可以达到小腿的中部，上衣的袖长要盖住手腕。

二是要穿得端正。衣扣一律全部系上。不允许部分或者全部解开，更不允许当着别人的面随便脱下上衣。

三要注意场合。套裙适用于商界女士在各种正式的商务交往之中穿着，其他情况就没必要一定穿套裙。

四是要和妆饰相协调。要化淡妆，色彩要协调，配饰要少。

五是兼顾举止。套裙最能够体现女性气质，要求举止优雅，注意仪态。

六是要穿衬裙。穿套裙的时候一定要穿衬裙，特别是丝、棉、麻等薄型面料的浅色衬裙。

二、秘书外在仪态设计

举止行为是一个人外在美的有机组成部分。身姿形态体现精神风貌，表情动作体现风度气质。秘书作为企事业单位形象的代表，要保持端庄温和、落落大方的形象。与秘书职业形象关联密切、最常见的日常姿态主要包括站姿、走姿和坐姿。

（一）站姿设计

良好的姿态不是一日可练成的，需要多加练习。美丽的站姿是其他人体动态造型的基础和起点。标准的站姿是：精神饱满，挺胸收腹，腰杆挺直；头部要保持挺拔，目光平视，下巴往内收；两肩平齐，双手对称垂放在身体两侧，或者放在腰线附近，左手搭在上方，双手自然弯曲；腿要绷直，双脚成小八字或者丁字步站法，身体重心落在两个前脚掌。女秘书站姿要端庄优雅，不能叉腿而立，男秘书站姿要稳健洒脱。

（二）走姿设计

行走的姿势极为重要，行走迈步时，脚尖应向着正前方，脚跟先落地，脚掌紧跟落地。走路时要收腹挺胸，两臂自然摆动，节奏快慢适当，给人一种轻巧自如、稳健大方的动态美。女性行走时，要尽量走成一条直线，要从后脚跟过渡到大脚趾，然后用大脚趾的力量蹬地离开地面。男性行走时，需要微微外八字，落地要实要稳，步伐速度始终一致，上身挺拔，切忌脚的前脚掌落地行走。

（三）坐姿设计

优美的坐姿应该让人觉得安详舒适、端正稳重。标准的坐姿是：上半身挺直；肩部放松；女士双膝并拢，男士可以适当分开一些，但也不能超过肩宽。女士入座后，双手可自然下垂，手指并拢，交握在膝盖上或者放在前面的会议桌上，但不宜放在椅子或者沙发两侧的扶手上。男士入座后，可以将两手自然的放在腿上，或是放在前面的会议桌上，也可以放在座位两侧的扶手上。谈话时可以侧坐，此时上体与腿同时转向一侧，要把双膝靠拢，脚跟靠紧。

落座时，对于一般女士而言，一般要从椅子的左侧入座，应当在落座前轻轻后退，用小腿确认椅子的位置，然后自然地抚平裙子坐下。坐下后，注意不要靠在椅背上，大约坐2/3的位置即可。两条腿并紧，右腿稍微后撤，双脚微偏向左方，这样腿部的轮廓最优美动人。

 知识链接

女秘书的装扮禁区①

身为秘书的你，在讲究"包装"的今天如果一味地追赶潮流，将所有的流行顶尖元素都带入办公空间，可能会给你的工作带来一些不必要的困扰。你不妨认真反思一下自己有没有犯以下着装禁忌，如果有，就要及时改正，以重建自己的形象。

禁忌一：发型太新潮

尽管你很陶醉于发型师的建议，梳个最新潮的"龙珠头"，再配一身"彩色狂野装"，但若是将它带到办公室里，一定会使同事向你投来诧异的目光，甚至让人一见到你就眉头紧锁。

禁忌二：头发如乱草

凌乱的长卷发垂在鬓边，或是刘海遮了眼睛，别人会以为你起床后没有梳头就匆匆上班，更认为你披头散发会失尽仪态。想想你一边忙着拨弄头发，一边忙着整理桌上文件的狼狈相，会让人觉得你是一个不修边幅的人，对你的工作能力也会大打折扣。

禁忌三：夸张化妆

女孩子喜欢涂脂抹粉、画眉、染唇，但如果把两颊涂得像中国大戏妆，就绝对不符合白领一族。其实，女士若爱上浓妆厚粉，夸张眼线，除了表示她的年纪越来越大之外，更代表她对自己越来越没有信心。如果在大热天仍然这么浓妆，不仅妨碍皮肤呼吸，而且这个浓妆特别容易融化，稍有不慎就让你变成大花脸。

禁忌四：服装太前卫

未必人人都了解眼下的潮流是什么，也并非人人都懂得欣赏前卫打扮，在办公室搞个人时装展览会，把最潮的民族服装、东方服装和欧美服饰全部轮流披上身，会和严谨的办公环境格格不入的。

禁忌五：天天扮"女黑侠"

黑色虽然是永恒的色彩，却不是万能的，一个星期有五天全黑打扮，未免缺乏生气。别以为黑色一定能显得你苗条，如果款式及裁剪不好，即使黑如墨的颜色也对你的身材美化无济于事。假如碰上睡眠不足，黑色会让你显得更加憔悴。

---

① 资料来源：考试大网站。

> **禁忌六：脚踏"松糕鞋"**
>
> 近年来许多女性因赶时髦又贪方便，都穿露趾凉鞋上班，但那种超厚底"松糕鞋"或"大头仔鞋"实在难登大雅之堂，也不宜上班穿着。要知道，穿这类鞋走路时比穿高跟鞋容易失掉重心，在狭小的办公室"踏来踏去"，既危险又失态。
>
> **禁忌七：衣不称身**
>
> 不妨检查一下自己穿的外套或西装是否衫袖太长，领位太大，或者长度过长的裙子，即使你身材高挑喜欢穿较长的衣服，你也不要一味地穿又长又阔的服装，因为那样会令你显得既老套又累赘！

第二节 秘书仪表修饰

案例讨论

> 某世界500强企业要面向社会招一批办公室秘书，前来报名的人络绎不绝。其中有几个女孩认为世界500强企业的办公室秘书是多么时髦的职业，这些企业想要招聘的都是像杜拉拉那样的漂亮女孩。
>
> 于是，几个女孩就到美容院将自己浓墨重彩地打扮了一番，活像电视剧里的韩日明星。她们高高兴兴地来到报名地点，谁知工作人员连报名的机会都不给她们，就让她们走。看着别的女孩一个个报上了名，她们几个很纳闷："这是为什么呢？"
>
> 试分析：（1）工作人员为什么不给这几个女孩报名？（2）秘书的漂亮究竟有什么样的含义？（3）如果你要去应聘，你会怎么打扮自己？

仪表主要是指人的外表，包括人的仪容、服饰、举止、表情和风度等方面。人的容貌、形体、体态等先天条件要协调优美。通过修饰打扮以及后天环境影响产生的美也属于仪表美。仪表美还是一个人高尚的内心世界和生命活力的外在表现。仪表修饰主要强调的后两种。

秘书可以通过化妆修饰、发式造型、着装佩饰等手段弥补和掩盖不足之处，扬长避短，使形象得以美化；也可以通过仪表修饰来塑造自己需要的职业形象。

仪表修饰要适合自身的形体气质，要整体协调一致，仪表修饰要适度。秘书仪表修饰主要包括以下内容。

一、发型修饰

发型，即头发的整体造型。职业对发型的影响很大。商界对头发的长度大都有明确限制：女士头发不宜长过肩部，必要时应以盘发、束发作为变通；发型要求大方、高雅、得体、干练，前发不能遮眼；男士不宜留鬓角、发帘，前发不附额，后发不及领。

发型要整洁，头发要经常清洗和保养，最好能每天清洗。

二、面容修饰

（一）男士面容的修饰

1. 眼部的修饰

眼部是被别人注意最多的地方，所以要保持眼部的清洁，避免眼屎遗留在眼角，并让眼睛能够得到足够的休息。

2. 鼻部的修饰

要注意清洁鼻子内外，起码不要让人看到"乌溜溜"的鼻孔。有鼻液更要及时用手帕或者纸巾擦干净。平时还要注意经常修剪鼻毛，不要让它在外面"显露"。

3. 耳朵的修饰

要经常进行耳部的清洁。如果有耳毛的话，还要及时进行修剪。

4. 胡须的修饰

应该每天刮胡须，不可以胡子拉碴地抛头露面。

5. 牙齿的修饰

要坚持每天早晚刷牙。如果牙齿上有不易去除的牙垢很明显，或是牙齿发黄，可以去医院或者专业洗牙机构洗牙，以使牙齿看起来更加洁白、健康。

（二）女士面容修饰

女士面容修饰与男士相比，最大的不同是化妆。女性在职场上化妆是对别人的尊重。在清洁的基础上，让自己的气色更好，肤色更均匀，也是增加自信心的方法。通常一款适合的粉底、腮红和睫毛膏便可以轻松达到效果。

需要注意的是，化妆要自然，化妆之后自然而然没有痕迹；化妆各个部位要协调，甲彩和唇彩是一个颜色；化妆和服饰也要协调。

化妆是一种个人隐私行为，最好不要在人前化妆。

三、手部修饰

在商务活动和日常活动中，手是接触其他人、其他物体最多的部位，所以手部修饰不容忽视。出于清洁、卫生、健康的角度考虑，手更应当勤于清洗。

手指甲应该定期修剪，并保持清洁。尽量不要留长指甲，应令其不超过手指指尖为宜。

四、配饰修饰

女性喜欢装饰品无可厚非，但是作为秘书在职场上不宜过度张扬。

首饰的选择一定注重品质，否则宁可不戴。钻石、珍珠配以贵金属材质的精致首饰都是职场装饰的首选。

身上的饰品最好同时不超过 3 件。可以佩戴精致小巧的饰品，如点状耳环、细项链等，但不要戴太夸张太突出的饰物。

五、表情修饰

表情是人内在感情的外在显现。一个人的表情最主要是通过眼神和笑容体现出来的。

（一）眼神注意事项

首先，秘书和别人交流的时候要养成注视对方的习惯，近距离交谈可以看对方的眼睛或者头部。

其次，眼睛要正视对方，不要斜着眼睛看人，更不要上下左右地打量对方。

再次，不要长时间地盯着对方。在交谈的 1/3～2/3 时间之内看着对方比较好，尤其是在表示理解、支持、赞同或者重视的时候。

（二）笑容注意事项

笑容具有沟通感情、传递信息的作用。笑容能够消除人与人之间的陌生感，使人产生心理上的安全感、亲切感和愉悦感。

笑容要真诚、适度、合时宜，笑要发自内心。

笑的时候，先要放松面部肌肉，然后使嘴角微微向上翘起，让嘴唇略呈弧形。一个人在微笑时，目光应当柔和发亮，双眼略为睁大；眉头自然舒展，眉心微微向上扬起。除此以外，还要避免耸动鼻子与耳朵，并且可以将下巴向内自然地稍许含起。

 知识链接

女士化妆的小知识

秘书化妆的重点，一般包括护肤、美发、修眉、画眼、修饰唇形和呵护手部等。从技巧上讲，进行一次完整而全面的化妆，其程序与步骤也有一定的要求。

一、洁面

用洗面奶去除油污、汗水与灰尘，使面部彻底清洁。随后，在脸上拍打化妆水，为面部化妆做好准备。

二、涂敷粉底

先用少量的护肤霜，以保护皮肤免受其他化妆品的刺激。秘书长期待在空调房里照明也是冷调的光源，因此，底妆要选择有保湿效果的粉底。尽量选用接近自己肤色的自然色彩。接下来，在面部的不同区域使用深浅不同的粉底，使妆面产生立体感。完成之后，即可使用少许定妆粉来固定粉底。

三、描画眼眉

首先，修眉、拔眉、描眉。在办公室里，最好选择稍粗而眉峰稍锐的眉形，显得能干而精明。其次，沿着睫毛的根部，画好眼线，刚劲有力的眼线可以提升眼神。再次，运用睫毛膏、睫毛器，对眼睫毛进行"加工"、造型。最后，通过涂眼影来为眼部着色，加强眼睛的立体感。

四、美化鼻部

即涂鼻侧影，以改变身形的缺陷。

五、打腮红

办公妆的颜色应以暖色调为主，为使肤色更明快，应选择粉红色或者橙红色的腮红。腮红不可强过于唇彩，重点是在于利用柔和的色彩使得整个妆容更加亮丽，缓和办公室的紧张气氛。晕染的方法一般在颧骨的下方，外轮廓用修容饼修饰。

六、修饰唇形

先用唇笔描出口形，然后填入色彩适宜的唇膏，使红唇生色。切记唇线不要太明显，否则会显得品位很差。有透明感的唇彩，可以不用勾勒唇线，选择接近或者比自己唇色略深的色泽，轻而薄涂于唇上。同时，在选择口红颜色的时候一定要掌握分寸，以不抢眼为好。

七、修正补妆

检查化妆的效果，进行必要的调整、补充、修饰和矫正。至此，一次全套化妆彻底完成。

 阅读材料

女秘书未抹口红上班竟被开除[①]

10月15日下午，昆明某旅游咨询服务公司的财务部张经理对记者说他们公司的女秘书被解聘了，理由是上班时未化妆、未涂口红。

10月17日上午，记者来到该公司，看是否确有此事。该公司老总对此说法给予证实，并说："我们辞退她主要是考虑公司的形象问题。"记者根据提供的联系方式给那位被解聘的女秘书打电话，她在电话中说："没什么好说的！没什么了不起。"记者提出要和她见面，她拒绝了。

就此，记者采访了企业职员、公务员、教师、学生和理发店工作人员等。下面是她们具有代表性的说法。

---

① 资料来源：新浪网。

该公司老总的说法

现在提倡建设企业文化，树立企业形象和品牌。企业形象、品牌的树立，重要的是人的形象的树立。

公司是做生意的，做生意就得和客人打交道。作为公司的秘书，可以说是公司的形象大使，他的一举一动对生意的促成很重要。顾客来了，见到你的秘书就倒胃口，还谈什么生意？谈不成生意，叫公司怎么活？公司不是要每个员工都必须潇潇洒洒、漂漂亮亮，更不是要她（女秘书）靠打扮来吸引客户。我们只要求她注意自己的形象，上班时打扮一下、精神点，不要太邋遢，让顾客反感，不过分吧？

退休干部王家科的说法

化不化妆并不重要，重要的是能不能胜任秘书工作。秘书是老总的左臂右膀，要能写、能说、能办事。如果单长得漂亮，什么事都不能干，那也不行。当然，穿着要朴素大方，不要"邋里邋遢"的。

律师李雪宇的说法

职业女性在上班时适当化妆是应该的。但作为一个公民，他们有权选择自己化妆还是不化妆，化什么妆。一般情况下，公司若以不化妆为由将员工解聘，是没有道理的。当然，这要看具体情况。如果该女秘书和该公司签订了具有法律效力的劳动合同，合同中女秘书有遵守公司规章制度的义务，规章制度中又有女秘书上班时必须化妆的规定，该女秘书上班时确实没有按要求化妆，那该公司解聘该女秘书应该说是合理的。

中学教师张妍的说法

现在这种情况，能找到一份工作不容易，作为女人就更难，我们每一个人都应该珍惜自己所拥有的工作。其实干工作并不是自己认为干好了就好。就连领导的工作也不是自己说好就好的，除了实实在在的经济效益外，他们的成绩还须有上一级领导的评判、社会的评判。普通员工更是由不得自己。每个员工都应以企业的发展为重，身体力行地履行自己的工作职责。这并不是说辛辛苦苦、没日没夜地干就是身体力行，最主要的是要把握好自己的思想、方法和态度，对领导安排的工作，应该是不降低人格、不违反政策法规的前提下绝对服从，同时要注意和领导、同事沟通，有不同意见要及时地通过正常渠道反映。所以上班时根据自己的工作岗位进行化妆，和单位的整体形象保持一致，是有必要的。

女大学生陶逊、陈俐的说法

女人化妆，总的来说是珍爱自己、珍惜自己所拥有的一切，对自己负责的表现，同时也是热爱工作、热爱生活的一种表现。分开来说是为工作为事业化妆、为亲人化妆、为同事朋友化妆、为市容及环境化妆。为工作、为事业化妆：一个人不可能独立完成他所从事的事业，他所干的每一项工作，都得面对许许多多的人，免不了要和人打交道。和人打交道就需要有个良好的形象。上班化妆是对领导、同事、顾客的尊重，工作态度认真，热爱自己所从事的工作的表现。

> 为父母子女、为兄弟姐妹化妆:"我的两个侄女常说谁的妈妈漂亮,谁的妈妈不漂亮;老人们坐在一起聊天,也常谈论谁家的女儿漂亮,谁家的媳妇邋遢",可见,一个人,特别是女人的外在形象在亲人心中的地位是何等重要,女人化妆不仅仅是在工作中讨人喜欢,美,特别是女人的美已融入生活中的方方面面,融入人们的情感直至生命深层的内涵。
>
> 为市容化妆:一个城市的形象并不仅仅表现在建筑好、绿化多;市民的精神面貌对一个城市的整体形象来说也是很重要的。昆明城中心的建筑、绿化不比上海差,但走在街上的感觉不一样。为什么不一样,仔细想想,原来是人的精神面貌不一样。昆明作为一个旅游城市,每一个人,都是一道风景。愿每一个昆明人,都注意自己的形象,为春城献出一份本属于自己的美。

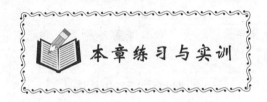

本章练习与实训

一、思考与讨论

1. 请写出你心目中理想的秘书形象。
2. 请谈谈你对秘书个人仪表修饰相关问题的看法。

二、实训

实训一:秘书形象展示
1. 实训目标
通过实训,要求学生掌握秘书形象的要点,树立职业意识。
2. 实训背景
作为进入公司担任文秘工作的新职员,你明天就要上班了,需要为自己选择一套合适的服装。
3. 实训内容
请根据实训背景,结合自身的外在条件,选择合适的着装,塑造专业的秘书形象进行展示,并讲明自己选择这套服装的理由。

实训二:挑毛病
1. 实训目标
通过实训,要求学生能够区分个人仪表上的缺陷。

2. 实训背景

现在有 10 个人来面试公司秘书这一职位，有男有女，服装气质各异，你代表行政部作为面试的考官之一参与这次面试。

3. 实训内容

请根据实训背景，对这 10 个人的个人仪表方面的不足作出一份考评，要求考评标准详细、规范，具有可参考性。

第六章

秘书人际关系处理

第一节 秘书工作人际关系概述

> **案例讨论**
>
> 小钢大学毕业后到一家民营企业给总经理当秘书。这是一家典型的家族企业,虽然规章制度不少,但执行得并不严格。如负责采购的是老板的女婿,他在采购过程中吃供货商的"回扣",这在公司上下已是公开的秘密;由于进货把关不严,经常造成公司产品出现质量问题,但大家都是睁一只眼闭一只眼。小钢进公司已经有半年多了,觉得自己作为总经理的助手对这件事不能熟视无睹,便给总经理递交了一份《如何根治家族企业中的人治现象》的报告。报告洋洋数万言,把老板的女婿当做反面典型。老板接过报告之后翻了几页就把它塞进了抽屉。没过几天,公司产品又因原料出现问题导致客户退货。在处理完这件事后,小钢再次提起了那份报告,但他没有料到老板反而怒气冲冲地问自己:"这个公司你是老板还是我是老板?"由于老板的不支持,再加上同事们嫌他"多事",小钢只好自动辞职,另谋工作。
>
> 试分析:(1)小钢为什么工作得不顺利?(2)他应该如何做?

人际关系是人与人之间在活动过程中直接的心理上的关系或者心理上的距离。人际关系的变化和发展取决于双方社会需要满足的程度。这是一种社会性、职业性的关系。

人际关系的内容主要是通过人们在社会生活中的行为交往和语言交流等方式,达到彼此了解、融洽,在各种社会活动中互相合作、互相帮助、互相促进。这就需要考虑人际关系的各种因素,克服人际关系中的障碍,采用适当的人际交往的方式、方法。

一、秘书处理人际关系的重要性

(一)正确处理好人际交往有利于秘书提高工作效率

美国成人教育家卡耐基在调查了无数的明星巨商和军政要员之后认为,一个人在事业上的成功只有15%是由于他的专业技术,另外的85%要靠人际关系和处事技巧。秘书在日常交往活动中应该注意同周围的人保持良好的人际关系,这样不仅可以使秘书与其他人协调一致,而且还可以不断地得到他人的支持和帮助,从而极大地减少工作中的扯皮现象。特别是当工作中出现困难时,能够借助于周围人的关心、帮助而得以顺利解决,这对于秘书提高工作效率有着很大的作用。同时,秘书与周围人的良好交往,有利于形成比较融洽的团体气氛,增进团体间的团结合作,便于发挥出团体的整体功能,这对于提高整个企事业单位的工作效率将起着更大的作用。

(二) 广泛的人际交往便于收集各方面的信息情报

人际交往活动就是一种信息转换传递的活动,一个人的交往活动情况反映了一个人的信息量的多少。人际交往的范围越广,接触的人越多,那么了解到的情况也就越多;人际交往的频率越高,信息的传递就越快,人们对信息的利用也就越及时。秘书处在一个开放的舞台上,有着十分便利的交往条件,每天都要与一些不同的人物打交道,因而每天都能获取大量新的信息材料,这对于秘书全面地了解情况,不断地扩大自己的视野领域都有很大的帮助。

(三) 进行人际交往活动有利于秘书的身心健康

人是惧怕孤独的,因为人在孤独的环境中会有一种被抛弃的感觉,会感到寂寞无聊,会失去自信心。作为人的一种需要,交往是一个人获取理解、信任、友谊和爱情的重要手段,也是一个人能够实现自我评价的基本方式。个体只有在交往中才能确立在社会中的地位,才能摆脱孤独无靠的悲观情绪,从而形成一种积极地参与人生的健康心理。同时,通过人际交往的促进作用,个体还可以获得自身的不断发展和提高,为适应各种复杂的社会生活奠定基础。因此,良好的人际交往行为对于增进秘书的身心健康有着重要的意义。反之,交往活动的受挫、失败或者发生障碍都会导致人际关系的恶化,从而给人们的精神带来压力,造成心理不平衡,危害人们的身心健康。

(四) 人际交往活动还是秘书树立自我形象的有效途径

人们只有在交往中才能对秘书形成比较正确的认识评价。所以,作为秘书来说必须不断提高自己的社交水平。

 阅读材料

积累人脉的三大路径[①]

一是熟人介绍

熟人介绍是一种事半功倍的人脉资源扩展方法,它具有倍增的力量。一个人的能力再强,但是他的精力和时间是固定的、有限的。一位营销人员要想在短时间内开发出大量的客户资源,只有利用转介绍的机制,才能产生一生二、二生四、四生万物的几何指数的倍增效应。人脉资源的拓展也是如此。

一个推销员拜访一个成功人士,问他:"您为什么取得如此辉煌的成就呢?"成功人士回答:"因为我知道一句神奇的格言。"推销员说:"您能说给我听吗?"成功人士说:"这句格言是'我需要你的帮助'!"推销员不解地问:"你需要他们帮助你什么呢?"成功人士答:"每当遇到我的客户时,我都向他们说,我需要您的帮助,请您给我介绍3个您的朋友的名字,好吗?很多人答应帮忙,因为这对他们来说只是举手之劳。"闻听

---

① 资料来源:西祠胡同。

此言，推销员如获至宝，他按照那位成功人士的经验，不断地复制"3"的倍数，数年之后，他的客户群像滚雪球一样越滚越大，通过真诚的交往和不懈的努力，他终于成为美国历史上第一位一年内销售超过10亿美元寿险的成功人士，他就是享誉美国的寿险推销大师甘道夫。

熟人介绍加快了人与人信任的速度，提高了合作成功的概率，降低了交往成本，确实是一种人脉资源积累的捷径。所以，在商务活动中，我们要养成一些习惯性的话语，例如："如果有合适的客户或对象麻烦介绍给我，谢谢"、"如果有需要这方面产品或服务的人，麻烦您告诉我"、"我们今晚有活动，您可以带一些朋友一起过来"、"您有这方面的朋友吗？是否介绍给我让我们认识一下"等，这样的话多说几次之后，对方也会形成一种习惯性的思维，如果真有合适的客户或对象，他就会想起你说过的话。

二是参与社团

参与社团可在自然状态下与他人互动建立关系，从中学习服务人群，进而创造商机并扩展自己的人脉网络。

在人际交往中，我们也许会遇到这一现象：平常太主动亲近陌生人时，容易遭受拒绝；但是参与社团时，人与人的交往在"自然"的情况下将更顺利。为什么强调自然？因为人与人的交往、互动，最好在自然的情况下发生，有助于建立情感和信任。透过社团里面的公益活动、休闲活动，产生人际互动和联系。

当然，别忘了，如果你参加了某个社团，你最好能谋到一个组织者的角色，当然，理事长、会长、秘书长更好，求其次也要当一个干事之类，因为，这样你就得到了一个服务他人的机会，在为他人服务的过程中，自然你就增加了与他人联系、交流、了解的时间，你的人脉之路也就在自然而然中不断延伸。一个民营企业的老总参加了全国性、区域性、行业性的社团组织足有近十个，每一个社团他至少参加一次活动，每一个社团里，他至少也有三四个关系密切的朋友。他说："我的企业里70%以上企业外部的事情，都是依靠这些朋友的帮助和支持来顺利完成的，没有他们的鼎力相助，至少要有50%的事情我没办法实现。参加社团有时候费点钱，费点时间和精力，可是带来的效率和效果却是巨大的！"

有些人本能地厌恶或害怕参加闹闹哄哄的聚会，认为这些活动纯粹是在浪费时间和精力。自然，你若是想做一个独善其身的人，这些活动的确是浪费时间和生命。而你如果想扩展自己的职业和事业，这些活动对你来说绝对必不可少，你需要做的是，分辨出哪些该参加，哪些该拒绝参加。一旦决定参加，你就肩负一项任务，就是你为什么参加这次活动？你必须从这次活动中有所收获，那就是有利于丰富你的人脉资源。

三是善用名片

世界推销大师乔·吉拉德非常重视名片的作用，他认为递名片的行为就像是农民在播种，播完种后，农民就会收获他所付出的劳动。乔·吉拉德常常提着1万多张名片去看棒球赛或足球赛。当进球或者比赛进入到高潮的时候，他就会站起来，大把大把地将名片撒向空中，让自己的名片在空中漫天飞舞，这为他销售出更多的汽车创造了更多的机会。当他去餐厅吃饭付账的时候，通常是多付一些小费给服务生，然后给他一盒自己的名片，让服务生帮助自己送给其他用餐的顾客。每当他寄送电话或网费账单的时候，也夹两张名片，人们打开信封就会了解到他的产品和服务。乔·吉拉德说："我在不断地推销自己，我没有将自己藏起来。我要告诉我认识的每个人，我是谁，我在做什么，我在卖什么，我要让所有想买车的人都知道应该和我联系。我坚信推销无时无刻不在进行，但是很多销售人员往往意识不到这一点。"

除了名片之外，乔·吉拉德每月都会给所有的客户寄卡片。平均一月要寄出1.6万~1.7万张卡片。他并不像其他的汽车经销商那样，在卡片上写一大堆"大降价"、"跳楼降价"、"疯狂甩卖"、"独家降价"之类的话，而是在一月份写上"新年快乐"，二月份写上"情人节快乐"等，然后签上自己的名字寄出去。一年12个月里面，人们每月都会收到他精心寄送的卡片。持续地人脉资源积累，为乔·吉拉德赢得了空前的成功，他一生总共销售了13 001辆车，最高单月销售纪录为174辆，平均每日售出约6辆车。这些纪录自他1978年1月宣布退休后，至今仍未有人能打破。

二、秘书处理人际关系的准则

（一）界限分明

秘书要严格分清以下三种界限。

一是工作关系和亲友关系的界限。

工作关系从纵向讲是上为领导、领导班子、领导机关服务，下为辖区单位、部门和群众服务；横向是联络、协调、服务于前后左右的兄弟单位，包括所属范围以外的"外事"交往。

二是交往中的职责界限。

也就是应划分权力，明确责任，既要防止工作不到位，又要做到不擅权、不越权。权力的争执，常常是造成一个单位不团结，人际关系紧张的最普遍的原因。在领导、领导班子身边工作，秘书更应给与重视，否则其行为会被看做是体现领导意图，导致领导班子的不团结。

三是办公经费、用品、礼品的归属。

办公厅（室）掌握着部门或者单位的经费使用权、用品分配权、礼品处理权。秘书一定要照章办事，公开化、明细化，切忌暗箱操作、厚此薄彼。对一些特殊或者紧要用项，可灵活处理，但要由一定级别的主管领导审核批准。

（二）尊重

在工作中，秘书距离领导层较近，应该克服人际关系中的地位障碍，不论对领导、对同事或是对重要来访者、一般交往者都要尊重。通常而言，秘书要获得别人的尊重，首先要尊重别人。人都有自尊心，都希望得到别人的尊重。尊重别人和受到尊重是相对相应的。互相尊重就能增进彼此的友情和信任，就能激发彼此的责任感和工作的积极性。

尊重更重要的表现是重视别人的意见和要求，但又不轻易放弃自己的原则和看法。当秘书与对方的意见不一致或者发生矛盾时既不虚伪应答、随便苟同或表面敷衍，又不强词夺理，甚至可以不作正面辩驳，而用婉转的语气进行解释。尊重也表现为秘书要求别人时不强人所难，不把自己的观点强加于人。

（三）诚实守信

秘书工作本身要求很高的信用度。如果没有别人的信赖，就不可能得到可靠真实的信息，更难以协调四方、做好督查。

秘书做到诚实守信，首先，待人接物要诚实。一是一，二是二，能讲的就讲，不能说的不说，能办的积极去办，而且办到底，办出效果，办不到的要说明原因。切忌对别人的请求漫不经心，当面答应，一转身就忘、就变。

其次，说话要有根据，还要顾及后果。自己没有完全搞清楚的问题，不要轻易表态，不要人云亦云，作断然肯定或者否定的结论。

再次，办事要牢靠，凡应该办也能够办的事，要积极去办。自己没有把握的事，不要轻易许愿，更不要自认为处于比较特殊的地位，就想当然地答应别人的请求，一旦办不成会造成难以挽回的后果。要看到，良好的信誉是人际交往中的无形的、可贵的财富，它不是一次两次、一天两天就可以获得的，必须经过长期的积累才能形成。一个人在社会上一旦获得较高的信誉就等于获得了无数个潜在的支持者，就为自己的工作和生活的顺利进行铺就了一条基础性通道。

（四）礼貌和礼仪

人际关系中尊重的最初步的也是最基本的形式就是礼貌。礼貌要求秘书在企事业单位或者其他场合会见领导、同事和客人时，应做到服装整洁、装饰得体，表情自然；待人接物时，面带真诚的微笑，举止文雅；与人交谈时，用语得体、口齿清晰、语音温和。在各种交际场合自觉注重和遵守各种礼仪礼节。

（五）乐于助人

秘书的角色地位主要是助手，帮助主管或者领导做好各项工作，甚至必要的生活照顾与服务，这乃是秘书的天职。秘书工作又是综合性的工作，它需要多方面的配合和帮助才能做好。因此，秘书应当具有根深蒂固的助人为乐的意识，养成主动、勤劳的习惯。对于领导、同事、客户、有工作交往的普通群众，只要知道或者看出对方有需要，就应该主动地伸手帮助。只有这样，秘书才能获得更多人的赏识和合作，才能获得成功。

（六）赞美他人

秘书不是卑贱者，但他的角色地位要求其必须是个真正的谦虚者。谦虚不等于自卑，正如自尊也不等于骄傲。确切地说，真正自尊、谦虚的人就在于他们既能正确地估量自己，又能正确地看待别人。对别人要多看优点，才能以人之长，补己之短，这是从人的道德修养角度来说的。另外，人都有受别人尊重的需要，秘书从处理好人际关系角度而言应该多注意他人的优点，多慷慨地赞美他人。当然，赞美必须是真诚的，否则，就成为阿谀奉承、互相吹捧，成为一种庸俗、虚伪的人际关系。真诚、慷慨地赞美他人会使秘书获得愈来愈多的朋友。

（七）宽容与体谅

社会是五光十色、丰富多彩的，社会中的人也是各式各样的。他们的相貌、性格、爱好、知识、专长、修养和习惯等都不一样,各有自己的特点。作为成熟的秘书应以"业缘"关系①看待周围的人,应该从对工作有利的角度出发与人交往,而不能从个人好恶出发。可以说,这是无可选择的,这同个人在生活中选择情投意合的朋友完全是两码事。因此,秘书要善于在人际交往中学会宽容与体谅。对别人身上这样或者那样的弱点或者缺点要予以宽容;对别人粗鲁的言语、举止或者错误行为,只要不伤害企事业单位及个人,就要予以宽恕;进而能设身处地地为对方着想,多给人一点同情和谅解。

(八) 公允

公允要求秘书处事待人要公正、诚实,既不自欺,也不欺人,不贪人之功以为己有,也不文过饰非或者推卸责任。

当秘书做成某件事受到领导的表扬时,不要忘记对领导提及曾经帮助过自己和提过建议的同事,并告诉同事让他们共同来分享成功和喜悦;当做错事受到领导的批评时,秘书应该独自或者更多地承担责任而不要去责怪别人。只有坚持这样做,秘书才能得到同事的广泛支持和帮助,也会受到领导的赏识和器重。

(九) 顾全大局

在社会生活中每个人都有个人利益,各个企事业单位也都有自身的局部利益,同时又有不同层次的全局利益和最高层次的国家利益、民族利益、全人类利益。秘书也不例外。如何处理好个人与集体、局部与全局、单位与国家的关系是树立良好人际关系的重要问题。个人利益要服从集体利益,局部利益要服从全局利益、国家利益。

(十) 遵纪保密

秘书是机要人员,遵守纪律、保守秘密常常是一踏入这个门槛就被教育的第一课。纪律是工作的保障,但又是对人的约束,没有纪律的队伍是难以统一行动,打不了胜仗的。战争年代一句口号:"加强纪律性,革命无不胜"。在和平建设时期,其精神也是适用的,对机要部门的机要工作人员来说就更应该继承和发扬这个优良传统。秘书应当遵守的纪律相对来讲比其他的部门要多,要求也比较严格,其中最重要的一个方面就是严守机密,要管住口、管住手。凡是涉密的事,与自己无关的不打听,与自己有关的不传播。

---

① 业缘关系是人们由职业或者行业的活动需要而结成的人际关系。如行业内部的领导与被领导关系、上下级关系和同事、同级关系,行业外部的彼此合作关系、伙伴关系、竞争关系、制约关系等。

第二节

秘书如何处理各种人际关系

 案例讨论

　　公司的效益不好,同事小马被裁员。办公室主任老王不想做这个"恶人",于是他让秘书小钢去通知小马被裁员这件事。小钢对小马说:"小马,别难过,下岗没什么了不起,天不会塌下来,更何况这次下岗的又不止你一个人。"小钢没想到小马的反应非常强烈,可以说是悲愤交加,他指责小钢是站着说话不腰痛,落井下石。其实,小钢的确是一番好意,想真心安慰小马,但是,他没有换位思考,不了解小马的心情,他的"天不会塌下来"只对那些没有被裁掉的员工才有意义,所以,如果小钢对小马这样说:"下岗这件事情是公司的一个政策。你有什么困难,我们几个想想办法,看我们能帮你什么忙?"那么,小马的心里至少就会舒服一些。

　　试分析:通过上述案例,秘书应该建立怎样的人际关系?

　　秘书的人际关系工作主要包括上下级关系和纵向人际关系,具体来说包括以下内容:领导成员之间的关系;本单位各部门之间的关系;本单位与外单位之间的关系;上级单位与下级单位之间的关系;同事之间的关系。

一、秘书与领导的关系

　　秘书既是领导的耳目、助手和参谋,又是领导的智囊和管家。领导是一个圆心,秘书则是环绕圆心在圆周轨道上运行的各个点;领导工作是一条主线,秘书工作则是围绕主线上下、左右、前后同步行进的一条曲线。没有领导,秘书也就没有存在的必要;没有领导工作,秘书工作也就没有存在的必要。

(一) 秘书与领导关系的特征

1. 工作上的主从性

　　在工作职能上,秘书要为领导服务,即做领导工作上的助手和参谋,具体任务就是办文、办会和办其他的事;在组织上,秘书与领导是上下级关系,领导指挥秘书,秘书执行领导的指令。秘书是领导尤其是主管领导直接的、全面的工作助手,应遵循以领导为主,以秘书为辅、为从的原则。秘书应当以领导的工作目标为目标,以领导的工作任务为任务。秘书应该尽力在工作目标、工作任务、工作进度、方式方法上配合好领导,与领导保持一致。如果不能做到秘书工作上的主从性,那么就可能会错误地反从为主,为工作、个人带来不必要的损失。

2. 知识、能力、体力和思维的补充性

秘书与领导工作的配合既是一种助力，又是一种合力，应该是相加，而不是相减或者抵消。这就要求秘书的知识结构与专长、能力与体力、思维的方向和方法等，既应当与领导有共同成分，这是为了完成同一专业目标；又应当与领导有不同的质和量，这样才能作为领导的补充，更好地辅佐领导做好各项工作。秘书在工作当中还应该不断进行知识、能力、体力和思维的补充，以使自己与领导工作相辅相成，可以更好地去配合领导，成为领导的补充，更好地辅助领导做好各项工作。

3. 人际关系的首属性

社会学家把人际关系中地位重要、影响大、交往频率高、时间紧张的关系称为"首属关系"；反之，把地位次要、影响小、交往频率低、时间短的关系称为"次属关系"。秘书与领导尤其是主管领导的关系，毫无疑问应该是首属关系。建立并巩固这种首属关系，对秘书的工作成果和事业前景是完全必要的。这就要求秘书对领导尤其是主管领导辅助与服务的内容与时间不能局限于工作需要。处理好同领导的关系有特殊意义的一条，就是秘书要了解领导、熟悉领导。不管秘书是在县里，在省厅、局，还是在厂矿企业；不管秘书是为一位领导当秘书，还是同时为几位领导服务，秘书对领导的作风、性格、办事习惯、起居规律、思维路子、语言特点和生活爱好，甚至他的工作经历都应当了解得清清楚楚。这样就可以把服务工作做到恰到好处，就容易配合协调、节拍一致。与这一点有连带意义的一个问题是秘书不但应该有自己的特长，更重要的是要有适应能力，尽可能与领导的特长、爱好相接近，以便有共同语言，从生活上能打成一片，工作上便于服务。假如秘书对领导的专长和爱好，既不了解又不感兴趣，而且处处躲闪回避、不闻不问，至少会导致相互淡漠如水，除了公事公办之外就互无往来了。当然，这些都应以不影响双方的家庭生活，不违背社会道德为原则。

4. 人格上的平等性

在人际交往中，平等是建立良好人际关系的前提。人际交往中着重的是人格平等，即尊重他人的人身权利、自尊心、感情，不涉及他人隐私权。人与人之间没有人身依附关系，相互之间是独立的、平等的。不管秘书与领导在职务、地位或者财务上多么悬殊，也不管秘书与领导的首属关系发展到什么程度，秘书与领导在人格上永远是平等的。秘书与领导在工作上是"主从"关系，而绝不是"主奴"关系。秘书应保持人格上的独立性，不应该成为领导的附庸或其他。如在日本，"二战"后已发生过50多起秘书为领导的罪错或者危机而自杀"殉职"的事件。这样的悲剧在现代社会中原不该发生。中国人的传统意识"士为知己者用"，在现代社会似乎还能为秘书所遵循，但封建色彩浓重的"士为知己者死"，现代秘书应该彻底摒弃。秘书不可再做愚蠢、盲目的殉道者，不可再做无谓的牺牲。秘书应该认识到：自己的地位、待遇是靠自己的努力得来的，不是哪一个人恩赐的。秘书对领导应有清醒的、客观的认识，应该服从，但决不应该盲从，即不帮助领导做违法乱纪的事，不做丧失人格、国格的事。

（二）秘书与领导关系的处理原则

1. 主动配合、适应

首先，秘书应该善于理解领导的工作意图，主动配合领导做好各项工作，而不能拨一拨、动一动。几乎所有发达国家的领导人、成功的企业家都要求自己的秘书要有主动精神和主动工作的能力。对于领导明确授权的工作，秘书应该自己多动脑筋去独立完成，而不必事事请示；领导没有明确授权的事，秘书应该凭经验掌握哪些事应该先请示后执行，哪些事无须请示即可以去做，哪些事可以先作了再汇报。做到尽可能地与领导配合默契，使领导对自己的秘书感到得心应手。

其次，秘书还应该努力适应领导的工作方法和工作习惯。领导有多种类型，有经验的秘书应该都能适应。如有的领导是事务型，遇事考虑周到，一件件、一步步都给秘书细细交代，秘书只要照章办事，不出差错就行。有的领导是放任型，一般的事都交给秘书去做而自己不过问。这样秘书更应该加强责任感，所做工作已不仅是对领导负责，而且是对更高一级、对整个组织负责。

最后，秘书应该有正确的认识和态度，应该适应领导的特点努力去做好工作，进一步以领导之长补己之短，使自己在各方面都能更快地成长。这样才能做一个合格的秘书，才能真正对领导起到参谋、辅助的作用。

2. 服从，但不盲从

秘书对领导的基本态度是服从，这也是秘书职业特征的要求。尤其是初级秘书对资深领导的服从就更多一些。但是秘书的服从并非盲目服从。秘书的角色地位相当于助手和参谋，其所从事的又是行政事业和业务工作，所以领导对秘书尤其是中高级秘书常有咨询的可能，秘书也有提出建议甚至不同意见的必要。另外，秘书接触文件较多，对各种法规、制度更为熟悉，自然负有对领导某种程度监督的责任。因此，秘书对领导不能盲从。领导如有明显的差错，秘书凭借对于组织的责任心则不能听之任之。有的领导自命不凡，对秘书言语傲慢、盛气凌人，这时秘书就处于十分窘迫的境地，如果盲目服从领导，又觉得过于窝囊，有损自尊，同时又助长了领导的这种不良作风；如果当面直接地表示不服，但对方毕竟是领导，不好伤了他的自尊。这时就必须十分注意技巧，秘书应当向领导暗示自己的想法，在维护领导的自尊的同时让他明白自己的冒失。

3. 委婉提醒，适时规劝

当秘书发现领导作出明显错误的决定时，一般不应立即正面提出意见，尤其是其他人在场时。除非是情况紧迫，秘书与领导的关系较深时，秘书不得已才可以偶然这样做。秘书应该采用委婉、含蓄的提示。通常领导年长于秘书，其地位、权力、经验都高于秘书，秘书理应照顾到领导的自尊心，秘书提出不同意见的目的只是要领导理解、接受，绝不是为证明或者炫耀自己的正确，更不能达到贬低领导、抬高自己的效果。因此，秘书应该用委婉含蓄的提醒方式，让领导自己发现错误，或是等待一定时间再作请示，让领导冷静下来，重新作出决定。

4. 维护领导的团结

秘书除了主要为主管领导服务，还应该力所能及地执行其他领导的指令，而不可只顾自己的直接领导，得罪其他的领导，也不可以遇事越过直接领导向更高一级领导请示。秘书既应该维护领导的威信和利益，又应该维护领导间的团结。如某公司经理在工作时间应朋友之邀去打桌球，当然也不瞒秘书。几分钟后，总经理来电话找这位经理，聪明的秘书这样回答："他刚刚有事出去"或者"我马上通知他给您回电话。"就是不能明确地告诉总经理："他和朋友打桌球去了。"明确的回答于事无补，反而影响总经理对经理的看法，再说，秘书对总经理的回答也并没有说谎，并不违背忠诚于领导的原则。有时候领导之间背后相互议论，秘书听到也应该充耳不闻，千万不可附和传播，以免影响领导间的团结，也影响自己的地位与利益。当几位领导有了意见分歧、个人矛盾时，一种意见是宁可当和事佬，另一种意见不同意当和事佬而应不必讳言。在中、下级机关，常常是一个秘书同时为几位领导服务。所谓"神仙打仗，凡人发慌"，秘书夹在当中是会很为难的。但是，这里有一条原则：秘书不能也不允许介入领导私人间或者工作中的分歧和矛盾。秘书介入这种纠纷，支持一方、反对一方，不但于事无益，而且会把事情搞得更复杂。在可能条件下应尽力加以协调、化解。如实在无法处理，甚至难以安身，秘书应该考虑另谋他职，但也不能把原单位领导的矛盾或者丑闻传到新单位去，这属于秘书职业道德的范围。

 阅读材料

秘书与领导的沟通技巧[①]

一、尊重而不奉承吹捧

理顺与领导的关系，是秘书事事碰到，需时时注意、处处谨慎的事情，也是表现其工作艺术的地方。总的原则是以事业为重，从工作出发，从领导与被领导的地位出发，对正职领导和副职领导的工作、地位、人格等，要同等尊重、支持、配合、协助。

如果某项工作，正职（或常委会）决定由某一副职负责去抓，秘书在配合进行这项工作时就应该以这位负责的副职领导为轴心进行运转。有关这项工作的请示、汇报工作，就直接对这位副职，不要越过他再向正职或其他副职请示、汇报了。关于向正职请示、汇报，或向其他副职沟通情况，那是负责这项工作的副职的责任。秘书如搞多头请示、汇报，就是多余，会把事情弄乱。

实践证明，多位领导，就有多种个性特点或类型。要根据领导的性格类型相处，逆着来往往会出问题。如内向性格的领导，喜欢独自思考问题与办理事务；外向性格的领导，善于人际交往，喜欢同别人一起商量工作。对待前者，秘书最好是在事前当参谋，事后做助手，当领导在独立思考的时候，就不够参谋了，否则，就会干扰他的思考。对待后者，要及时协助他组织人员共同商量工作，秘书要有分寸地参与其中，发挥参谋和助手作用。

在与多位领导相处时，一定要以事业为重，从工作出发，尽力维护领导班子的团结和威信，不能从感情出发、看人行事；不能表现出靠近谁、疏远谁，听从谁、不听从谁的行为；更不能当甲领导面吹捧乙领导，当乙领导面吹捧丙领导等。要始终与多位领导保持经得起考验的革命同志式的纯洁、真诚的友谊。

---

① 资料来源：511 游戏社区。

二、主动而不越位脱轨

秘书工作是以领导工作为轴心,要紧紧围绕这一轴心,进行上下、左右、前后同步运行的辅助性工作。辅助性决定了秘书工作的被动性。怎样变被动为主动,要看秘书的工作艺术。有四个方面:一是争取同领导一样了解和掌握全局性工作;二是争取同领导一样了解和掌握一个时期的中心工作,能够分清工作的轻重缓急,主动排除干扰中心工作的事项;三是研究领导工作的思路,分析领导的意图,并加以理解、完善和落实,四是积累和储存有关工作资料,该记住的要记熟,该保存的要保存。有了这四个方面的基础,工作中才能与领导有一致的认识,才有共同情感和语言,商量工作时,补充和修正的意见,才能提到点子上。

在日常工作中,要善于将领导的决策内容、实施方案和一个时期的中心工作进行分解、立项,明确先做什么、后做什么和怎样做的措施等,按计划列出个明细运行图。

三、服从而不盲从附和

秘书工作是上情下达、下情上报的枢纽,有调度、协调、综合加工的作用。秘书处在这样一个重要位置,就得和领导拉一套马车,按领导的意图前进。但是,服从并不等于盲从和不加分析的附和。"分析"有两层意思:一是从分析中加深理解领导意图,增强执行的信心;二是从分析中拾遗补缺,起进一步完善的作用。按领导的意见办事,也只能是执行正确的意见,对一些不正确的、违法乱纪、以权谋私的点子或行为,不仅不能办,还要坚决抵制和反对。

四、补台而不挖角拆台

秘书怎样在多位领导之间当参谋、搞协调?首先,心里要有一杆平衡秤,要一视同仁,不论哪位领导安排工作,都要做好,不能有的去做,有的不去做,或三心二意去做。这与我们日常交朋友多从感情和兴趣出发不一样。在多位领导面前,不论是在思想感情上,还是在行为活动上都不能产生倾斜度。其次,领导之间产生分歧时,只能被动地双向地劝慰、弥合、消除,不能主动地、单向地瞎掰扯、乱搅和,或者保持沉默。本着工作上的支持、关系上的爱护、感情上的友谊去做,这比什么都重要。不能站在一边,冷落一边,更不能为某一边提供反对另一边的材料,对某领导进行挖角、拆台,扩大分歧,加深矛盾。

五、沟通而不封闭堵塞

秘书工作起上下达情、左右疏通的作用。上下达情也有艺术性,就是调换角度的艺术。在下达的时候,要站在上级的角度,把上情不漏地讲得清清楚楚;在上报的时候,要站在下级的角度,把下情不贪地说得明明白白。

在现实工作中,上下级领导不论是在看问题的观点和方法上,还是在解决问题的战略和战术上,都会存在一些程度不同的差异。这些差异的存在是客观的,可以理解。但是能不能缩小差异、找出差异的结合点,与秘书日常的及时沟通、协调有着密切关系。秘书与两级领导都不存在差异,只有这样才能去做协调上下级的差异的工作,缩小或化解上下级的差异,取得一致认识。

六、挡驾而不阻拦干涉

挡驾的对象是找上门来的同志,其层次有别,事项得轻重有别。秘书对来者要有正确的认识和态度,它是秘书协助领导理顺工作,帮助下级或群众解决问题的机会,也是提高协调和社交能力的机会。秘书人员要讲究工作艺术，对来者都要热情接待，给予关照协助。来者是办事的，不是走亲访友。因此，挡驾的重点也要放在办事上。办事是以理、以法为准，将来者要办的事情弄清楚，然后进行分析归类，属于哪个部门管的就归哪里去办。大致有三种情况：一是属于领导审批和需要急办的事项，要立即协助来者找主管领导办理；如果领导不在一时又找不着，可将事留下，抽空再找领导，有了结果马上转告；二是属于职能部门管理的事项，协助来者找职能部门办理；三是涉及多方面的事项，应以开会方式解决为好，就建议领导主持开会，召集有关方面人员参加，统一安排布置，妥善处理。

七、分工而不分家自立

办公室的工作是个整体，有几个科室，有多个秘书。科室之间、秘书之间一般都有分工，这对加强责任心，防止扯皮和无人负责现象是非常必要的。但在实际的工作中也往往出"各喊各的号、各唱各的调"的现象，不利于办公室发挥合力作用。因此，必须明确，分工是各有侧重，不是分家自立。许多交不到具体部门承办的事情都可以交到办公室去办，秘书碰上了就不能说不管，管了之后再沟通、再协调、再解决。

二、秘书与一般同事的关系

（一）秘书与一般同事关系的特征

秘书与一般同事纯粹是工作上的合作关系，是完全平等的、相对稳固的业缘关系。但是由于秘书的特殊地位，处于主管与基层职工之间，接近领导而比较疏远职工，故容易受到妒忌或者猜疑，很难与基层职工打成一片。而秘书工作的性质又要求他们在主管与职工之间传达指令、反映情况、沟通协调，职工往往视秘书为领导的替身，领导又会把秘书看做是职工的代言人。如果上下关系融洽，秘书自然是左右逢源；如果上下关系紧张，秘书就成了矛盾的焦点。因此，秘书要处理好与一般职工和同事的关系，比之与领导的关系更为困难一些，这也是大多数秘书容易受到领导的信任、器重而缺乏群众基础的重要原因。

（二）秘书处理与一般同事关系的原则和要求

秘书要处理好与一般同事的关系就必须掌握以下的原则与要求。

1. 真诚地关心别人

秘书必须认识到，工作要顺利进行并取得成果，领导的信赖固然很重要，但同事的支持和合作也必不可少。秘书要取得同事的支持和合作，就应该主动地、真诚地关心同事。要想得到，更要付诸行动。首先秘书要以谦虚、平等的态度对待同事，切不可以"二首长"身份自居。代表领导向同事布置任务时，尽量以商量的口气，不能颐指气使、发号施令。工作上应当多体谅同事的难处，尽力给予帮助解决。秘书对同事也应该树立"服务"的观念。秘书还应当关心同事的生活和情绪，抽空多与同事接触，与他们谈心，以增加了解，消除隔阂，促进友好合作。

2. 同等友好，等距交往

秘书与一般同事之间尽量做到同等友好，而不要和某些人特别亲密。即使秘书与某位同事特别情投意合，也应该注意在公务场合不要表现出来，以免遭到其他同事的妒忌或者被领导怀疑搞小团体。无论是同性同事还是异性同事之间，都应加以注意。

3. 维护团结

秘书作为主管领导与一般职工之间的中介和桥梁，应当努力维护上下之间以及与同事之间的团结。秘书在传达领导不太有利于职工的指令时，应当注意维护领导的威信与形象；同样，在向领导反映不太有利于职工的情况时，既不能隐瞒、掩饰，又要尽力保护职工的利益。秘书尽量采取对事不对人的态度，使职工的缺点错误即得以纠正，使之获得必要的教训，又不至于受到伤害。对于同事、职工间的矛盾，秘书也应该尽自己所能加以协调、缓和。总之，维护同事间的团结，维护上下之间的融洽关系，归根到底是为了维护整个企事业单位的利益。

三、秘书如何与群众相处

秘书与群众的交往应该遵守以下原则。

1. 等距离原则

这是关键，防止亲则欢迎，疏则忌恨，避免受到"有偏向"的指责，尽量避免同这一部分群众关系密切而同另一部分群众关系疏远，防止形成或者绝不要参加非正式群体，不要成为或被其他的群众看做是某一非正式群体的一员。如在群众中实际上已经形成了一些非正式群体（任何企事业单位都难以避免），则秘书对待这些非正式群体也应该采取等距离交往的原则。

秘书不属于任何一个非正式群体，但同每一个非正式群体都有良好关系。如果非正式群体之间有些摩擦，秘书一不要传话，二不要介入。在私下交往中如听到不同群体的人有指责对方的话语时，不要轻率表态，甚至要不露痕迹地引开话题。

2. "交心"原则

对人要带亲切的微笑，满面春风，落落大方，不卑不亢，真诚，热情，坦坦荡荡，群众便喜欢与秘书接近，有话愿意对秘书说，有事愿意找秘书商量，如此才能成为群众的朋友。与群众打成一片，会从中获得很多信息，对工作有利。

秘书如何将从群众中得来的信息向领导汇报是一个很复杂的问题。解决不好，要不得罪了领导，让领导以为秘书背着自己在搞什么名堂；要不得罪了群众，让群众认为秘书是一个"告密者"，从此不再对秘书讲知心话；要不两头都得罪，里外不是人。要因人、因事、因地制宜，无一个普遍有效的准则。总之是好人好事尽快报，越详细越好；事故问题也要报，详细情况调查后再讲；批评建议挑着报，对工作有利又不涉及领导的大胆讲；针对领导，指责领导的话慎重报，以免刺激领导，"出卖"群众。这些做法不一定适合，有的也不一定对。如何汇报很复杂，需要秘书在工作中不断摸索解决。

3. 接受群众监督原则

秘书与领导行事办事要公开化、民主化、平等化。说话办事不要讳莫如深，故作玄虚，要让群众了解，才能行使监督权。要有制度上的保证，否则容易流于清谈之中。

第三节

秘书工作方法和艺术

天地公司的丁秘书正埋头起草一份文件,电话铃响了,她拿起电话,丁秘书听着对方的声音,辨别出又是那位推销员朱磊打来的电话。第一次他来电时,丁秘书听着朱磊的自我介绍,判断这电话不是经理正在等的电话,也不是紧急要事。于是她说:"很抱歉,经理不在。请你留下姓名、地址、回电号码,我会转达给经理的。"可对方非要找经理不可。挂断电话,丁秘书就此事向经理作了汇报。经理听后,告诉她自己曾在一次交易会上见过此人,印象不佳,不想和他有工作上的来往。十天前,朱磊又来电话,丁秘书说:"对不起,经理仍然不在。我已将你的情况和要求转告给经理,目前他非常繁忙,尚未考虑与你联系。"随即主动挂断了电话。

试分析:如果朱磊第三次来电,丁秘书应该怎么办?

一、秘书工作的方法

秘书工作是领导工作的一部分,是直接为领导工作服务的。领导工作对秘书工作的要求总体上是要秘书当好近身综合辅助和服务的参谋助手,具体要求秘书要为领导工作做好铺垫、拓展、代劳、辅助和服务性工作,要通过辅助决策、综合协调、信息沟通、督促检查及办事、办文、办会等工作,提高领导工作效率和优化领导工作效果。秘书工作方法必须符合领导工作的要求。

(一)为领导工作做铺垫的方法

秘书工作中很多的业务活动都是为领导工作做铺垫的事务。如领导决策前秘书的信息收集处理工作,领导召开会议前秘书的会前筹备工作等。秘书的这些铺垫性工作的效率和效果往往直接影响领导工作的正常启动,影响领导工作的进程及其效率和效果。有些重要的铺垫性工作,甚至是领导正常开展工作的必要前提。秘书必须掌握铺垫性工作的方法,具体要求如下。

一是要准确把握领导工作目标。秘书既要准确把握领导整体工作的计划目标,又要准确把握即将开展的具体工作的具体目的,并将二者结合起来。整体目标不明确,秘书工作就会顾此失彼,出现片面和忙乱;具体目标的要求不明确,秘书的铺垫性工作就会失去针对性和有效性。

二是要明确领导工作进程的环节，明确各个环节的时间要求、任务内容与各方面的关系以及要取得的阶段性成果等。这样秘书工作才能主动而有序地进行。如为领导召开会议做铺垫，除了要了解会议的目的外，还要对会议期间每一阶段的内容都事先做好资料准备、事务准备等。

三要明确领导在具体工作中将要采取的措施和方法，以便事先准备。如领导在召开会议中将采取实地考察、分组讨论、投票表决等措施，秘书就必须事先安排和联系交通工具、分组讨论会场、准备选票和计票等。

四是要加强与领导的沟通，不仅在开展某项工作之前要沟通，明确工作的目的和程序，而且在每一个环节也要沟通，随时把握动态，做好应对措施。

秘书的铺垫性工作方法可以归纳为：以领导的工作目标为指导，按领导工作进程和将要采取措施的要求操作，以与领导密切沟通保证铺垫性工作的有效性；秘书要根据具体工作任务的实际，明确领导的工作个性和工作习惯、对具体工作环境的要求，灵活准确地掌握和运用这一方法。

（二）对领导工作拓展延伸的方法

对领导工作的拓展延伸，同样是秘书工作的重要任务，是体现其参谋助手作用的重要方面。如领导作出决策后，秘书要草拟决策文件、草拟决策执行的预案，制成文件寄发给执行单位；决策文件发布后，秘书要收集反馈信息；领导检查工作后，秘书要与被检查单位保持联系，了解把握检查效果；领导出差以后，秘书要办理领导出差的经费报销事务，整理带回的有关材料等。

秘书要做好对领导工作的拓展和延伸应该注意以下三个方面。

一是要准确把握每项领导工作预期的效果，通过这些拓展和延伸性工作，努力使领导工作取得圆满的效果。如领导的正确决策发布以后，执行单位由于理解的错误而出现执行的偏差，秘书没有将这一信息反馈给领导进行纠正，就会给工作带来损失。其中除了责任人负有失职责任外，负责收集反馈信息的秘书也负有责任。

二是把握领导工作后续事务的具体要求。秘书必须准确按照领导工作后续事务的具体要求办事，不能有丝毫马虎和疏漏。如领导召开重要会议后秘书的催办任务，不仅在事项催办，而且每件必办事务都要了解是否在办、如何在办、何人负责、何时完成等，做到件件落实、取得实效，否则就会影响会议精神的落实，影响全局工作的协调发展。

三是要注重工作的整体连续性和承继性。秘书承担的拓展性和延伸性工作，是整体工作的一部分，必须按照领导特定工作任务的有序部署环环紧扣地进行，这样才能取得预期效果，如果脱节了就会影响工作进程。

秘书对领导工作的拓展和延伸的工作方法，可以归纳为以保证取得领导工作的预期效果为目标，严格按照要求办事，在注重整体连续性和承继性的同时，注重适变和应变，使工作落在实处，产生实效。

（三）为领导工作代劳的方法

这里说的"代劳"是指领导由于公务繁忙和时间有限，将部分该自己亲自办理的事务授权让秘书去办。领导的管辖范围越大，公务越繁忙，秘书为领导工作代劳的工作量就可能越大；而秘书为领导代劳的工作越多，越能体现领导对秘书的信赖程度高，培养力度大。秘书在授权理事独当一面的实践中，更有利于学习领导工作方法，提高综合素质。

秘书为领导工作代劳应该注意以下五个方面。

一是要忠实地体现领导意图。秘书是代表领导去处理事务的，一定要按照领导的目的、要求去办理，并取得领导需要的效果。若违背领导意图，就可能帮倒忙，为领导工作添麻烦，从而失去领导的信任。

二是要严格按照领导的授权范围办事。不能超出授权范围，也不能胆小怕事不敢合理使用委授的权力。越权行事是秘书工作的大忌，不仅会失去领导的信任，也会遭到有关方面的反感，产生消极影响；不敢合理使用领导委授的权力，就很难圆满完成领导交办的任务。

三是要扮演"双重角色"，即责任感、使命感。秘书要从领导角色出发，尽职尽责、不折不扣地完成任务；在心理上和工作态度上，则要严守秘书角色本分，不要以领导自居表态和作指示。若忽视从领导角色出发，就可能因责任感不强而对工作采取应付态度，影响任务的完成；若忽视秘书角色本分，就可能在授权代劳时用权失范和态度失当，造成消极影响。

四是要加强双向交流。即秘书既要加强与授权理事的工作对象之间的交流，又要将工作的进程和结果向领导汇报并听取指示。

五是要维护整体的功利观，即秘书在为领导代劳中要从全局工作的整体利益出发。当情况有所变化时，要在授权范围内灵活地采取措施，使工作圆满地完成；当工作取得成效时，要归功于组织、归功于领导的指导和支持，归功于有关方面的协同配合，不要宣扬自己的功劳和苦劳。

秘书为领导工作代劳的方法，可以概括为忠实执行领导意图，严守授权范围，扮演双重角色，注重双向交流，维护整体功利，促进领导工作效率的提高。

（四）伴随领导公务活动的方法

伴随领导公务活动是秘书发挥近身跟踪参谋辅助作用的重要形式之一。秘书伴随领导进行公务活动，主辅配合，能够起不可替代的辅助作用和服务作用。

要想使秘书伴随领导在公务活动中取得良好的成效，应当注意以下六个方面。

一是要以领导公务活动的目的为依归，不应有个人目的，否则就可能给领导公务活动带来干扰。如伴随领导公务出差，若秘书带有游山玩水的个人目的，并以各种借口趁机离开领导游景点，就可能会影响工作。

二是要按照领导工作的进展作出具体周密的安排。秘书陪同领导进行公务活动，除了要协助领导处理重大问题和关键问题外，对相关的具体事务还要做周密的、细致的安排，并要事事落实，确保公务活动的顺利进行。若在具体事务上出现疏漏，也可能干扰领导处理重大问题，影响公务活动的进程。

三是要尽可能为领导提供便利条件。为领导提供便利条件，包括优化领导公务活动环境，减轻领导事务工作负担，消除公务活动中随机出现的干扰，加强对领导公务的服务和辅助等。

四是要随时随地保持与领导活动步调的和谐一致性。秘书在伴随领导从事公务的过程中，与领导更加紧密地结合成一个工作整体。

五是要注重拾遗补缺，即发现领导在公务活动中的疏漏和失误，要及时拾遗补缺，协助领导尽快纠正。

六是要主动适应变化，确保领导公务活动的有序进行。在公务活动中，相关因素随机发生变化是经常出现的。若秘书能敏捷适应变化，有效采取应变措施，就能保证公务活动的有序进行，否则应变不当，就会使公务活动出现混乱。

秘书伴随领导公务活动的工作方法，可以概括为以公务活动的目的为依归，按进展周密安排，提供便利，步调一致，拾遗补缺，适变应变，保证领导工作有序进行。

（五）领导与秘书主辅配合的一体化

为领导工作做铺垫、对领导工作拓展延伸、为领导工作代劳、伴随领导活动都是秘书发挥综合性跟踪辅助和服务职能作用的体现形式，不同的形式在实践中常常是相互联系、相互渗透的，整体上对领导工作有着不可替代的辅助作用。要想这种或前、或后、或伴随一体、或独当一面的代劳的秘书辅助和服务充分发挥作用，除了秘书要提高素质，付出努力外，领导的指导、引导、培养、信任及严格要求是极为重要的。只有领导与秘书两方面都在实践中加强相互沟通，才能达到主辅配合一体化的境界。若任何一方不足，都难以实现有效而和谐的主辅配合。

二、秘书工作的艺术

（一）授意的艺术

领导意图就是领导对某一问题的意见、倾向和企图，即领导工作的基本思想。正确接受和领会领导意图是对秘书的基本要求，是秘书发挥参谋助手作用的前提和基础，是提高秘书工作的效率和质量的重要保证。

要正确接受和领会领导意图，就要抓住以下五点。

1. 从把握领导工作的热点上领会领导意图

领导工作热点是领导在一定时期内工作意图最为集中的表现，抓住了热点，就等于抓住了领导意图的核心，就能与领导工作同步。但是领导意图是围绕每个时期中心工作形成的，具有阶段性和连续性，为此，秘书还必须连续不断地领会领导意图。

2. 从把握领导思想的闪光点上领会领导意图

一般来说，领导所提出的意见是比较完备和深刻的。但对某项新的意见往往是零散的、片断的。秘书要善于从这些零散的、片断的意见中抓住领导思想的闪光点，认真领会和加以深化，以进一步完善领导意图。

3. 从不同角度捕捉和领会领导意图

一要善于紧紧抓住领导意图的要点与核心，把领导意图同上级指示精神和下级实际情况进行比较分析，做到上下一致、有理有据。

二要善于以主要领导的思想为主线，多方面吸收其他领导的意见，集思广益，综合归纳，以形成领导集体的意图。

4. 从把握领导的个性特点上领会领导意图

由于领导各自的性格、能力和工作方式不同，故其授意的方法也不尽相同。从授意程度上看，有简洁式的，有详细式的；从授意的内容上看，有观点式的，有素材式的；从授意的方式上看，有直接式的，有间接式的等。这就要求秘书具有接受和领会不同类型领导意图的本领，以适应每一个领导的特点。

5. 从把握领导意图的实质上领会领导意图

领导意图有明示性意图和暗示性意图、确定性意图和非确定性意图、总体工作意图和具体工作意图之分。无论是哪种领导意图，秘书都要注意把握其精神实质，认真贯彻落实。为此应注意：对明示性意图，要坚决照办；对暗示性意图，要心领神会；对非确定性意图，要补充完善；对确定性意图，要如实贯彻；对总体工作意图，要始终遵循；对具体工作意图，要灵活执行。

（二）请示的艺术

秘书是领导的工作助手，必须按照领导意图办事，不得擅做主张，更无决策之权，因此，在工作中必须多请示。多请示，既是对秘书工作纪律的要求，又是防止秘书工作出现差错和失误的重要保证。因此，秘书在请示时，要注意以下五点。

1. 请示的对象要选准

秘书的请示工作要遵守按领导分工，对口请示的原则。一般秘书只向分管领导请示有关工作，以避免多头请示和越级请示。对涉及多方面的综合性工作，秘书应该向主持全面工作的领导请示，并将有关情况通报其他的分管领导。如果向上级机关书面请示，也应该遵循对口请示和单向请示的原则。

2. 请示的内容要单一

秘书请示的内容必须是自己难以处理或者无权处理的事情，必须由领导给予指示或者授权处理。常规性工作或者自己职责范围内的事情，则无须请示。请示时既要防止越权行事，又要防止不负责任，更不要事无巨细一律请示。秘书请示要尽量做到内容单一，尤其对重要事项须以书面形式请示时，一定要遵守一文一事，不得将多项事务写在同一份请示的公文内。

3. 请示的形式要灵活

秘书请示可以是口头请示，也可以是书面请示。在一般情况下，重大事项、涉及政策方面的事，需要授权批准的事秘书要做书面请示，领导则做书面批复，以示慎重，并便于日后查证；一般事项、事务性工作、只需解决一些疑难的事，秘书可以口头请示，领导只口头答复。紧急的事，秘书可以先口头请示，及时办理，事后再补写书面请示，以留档备查。

4. 请示的时机要适当

在一般情况下，秘书请示必须在事前进行，待领导指示或者批准后方可行动。只有在特殊情况下秘书才能采取边做边请示或者"先斩后"的方法。所谓"事前请示，事后报告"，就说明了二者在时机选择上的不同特点。

5. 请示的态度要谦恭

秘书向领导请示，实际上也反映了上下级之间的工作关系。因此无论是口头请示还是书面请示，秘书都必须摆正自己的角色位置，在请示的态度上要尊敬、谦和，言语得体，做到彬彬有礼。

（三）报告的艺术

报告的目的是便于领导了解情况，掌握进程。报告是秘书工作的一项制度，是秘书向领导负责的必要手段，也是领导指导秘书工作的途径之一。对于报告，领导一定要作出答复或者批示。秘书在向领导报告时，要注意以下五点。

1. 报告的内容要客观真实

秘书向领导报告的内容：一是报告当前工作的情况和进程，让领导及时了解下情并作出指导；二是工作中发生的重大问题，让领导及时作出处理；三是合理化意见、建议，供领导改进工作时参考；四是应领导的要求汇报有关情况。秘书应该掌握待报告事项的价值，做到要事详报，急事急报，小事不报或者简报。报告要客观、真实、辩证，切忌大话、空话、假话，切忌绝对化。

2. 报告的方式要灵活多样

秘书向领导报告的方式主要有以下两种。

一是口头报告。

口头报告的优点是可以和领导直接进行多方面的双向交流，适于秘书向喜欢务实作风的领导报告时用。口头报告的缺点是可重复性差，受口语表达能力限制较多。

二是书面报告。

书面报告的优点是比较正规，便于领导过目和思考，也便于保存备查。书面报告的缺点是不能与领导当面进行交流。

此外还有会议报告、单独报告、电话报告和临机报告等多种形式，秘书可视情况灵活运用。

3. 报告要区分不同对象

由于领导的职责、能力、文化程度、性格特征和工作习惯等各不相同，对秘书报告工作的要求也不一样。因此，秘书在向不同的领导报告时要区别对待，以适应不同领导的要求，同时还应当处理好几个关系。一是主要领导和分管领导的关系。重大事情要向正、副职领导都报告；日常事务，只报告分管领导即可。二是在家领导和外出领导的关系。秘书要随时将在家主持工作的领导就一些重大问题的处理意见，适时报告给在外工作的主要领导，并转达主要领导的意见，以保持信息的畅通。

4. 报告的时机要恰到好处

报告要适时，以获得较好的时效价值。秘书是领导的耳目，诸如群众对领导的批评和反映，对领导工作的建议和要求等，秘书有责任如实向领导进行汇报，但需要恰到好处地掌握时机。秘书应当选择领导乐意听取报告的时机进行。秘书是领导的近身人员，报告工作十分方便，但是不能事无巨细都去请示报告。即使是必须向领导报告的事项，秘书也要选择时机进行，这样才能取得良好的效果。

5. 报告的语言要简明扼要

无论是口头报告还是书面报告，都要主旨明确、条理清楚、语言精练，以节省领导的时间，减轻领导的负担。冗长而空洞的报告是秘书向领导报告工作的大忌，这就要求秘书在报告前要充分准备，报告时要言简意赅，杜绝长篇大论。

（四）挡驾的艺术

秘书是领导时间的有效管理者。秘书为领导合理挡驾，其目的是为领导创造一个良好的工作环境，使领导摆脱各种事务的干扰，集中时间和精力思考和决定重大问题。

1. 来访挡驾

秘书是领导联系群众的一座桥梁，而不是领导与群众之间的一道隔墙。因此，秘书为领导挡驾来访者是有特定对象的。一般来说，领导明确告知秘书不愿接见的人；领导事先未约定接见的人；因鸡毛蒜皮的小事要求领导接见和处理的人；为个人某些问题，三番五次找领导纠缠的人；领导正忙于应付重大事件无暇接待的人；态度蛮横，出言不逊，想找领导寻衅闹事的人；对要求处理的问题，上级机关或者本级机关已有明确、公正的结论，但其对处理不服，要求面见领导的人都是秘书挡驾的对象。对其他的来访者秘书不应挡驾，即使需要挡驾，也要待之以礼，使对方高兴而归。

2. 电话挡驾

秘书的职责之一是接转电话。对打到办公室要找领导的电话，秘书应该通过内线电话询问领导是否愿接。愿接即转。如不愿接，秘书应告诉对方，领导暂时不能接电话或者佯装领导不在，但要将电话内容记下，转告领导。对于领导因参加重要会议而暂不能接的电话，秘书可与对方另约时间通话，或将内容转告。

3. 事务活动挡驾

秘书的重要职责是安排领导的事务活动，包括出席会议、参加庆典、仪式和宴请活动等。对无必要参加的应酬活动，秘书也应该合理挡驾，避免领导浪费时间或者为各种不正之风开方便之门。当然秘书必须征得领导的同意和批准，不能随便谢绝。

挡驾工作是秘书代表领导机关进行的，应该注意领导机关的良好形象，克服那种"门难进、脸难看、话难听、事难办"的作风。对来访者的态度要冷静、谦和、诚挚，要有好风度、好品德。对一些缠身棘手的事项也要有耐心，不能针锋相对，把事情弄僵了。在挡驾的过程中，秘书应该注意语言艺术和应变能力，应变能力要通过语言艺术表达出来。接待的语言有规律可循：对平级或下级的同志，其语言的基调是谦虚磋商供参考的口气，但又不能离开大原则；对领导的语言基调则是多用请示报告、探询的口气，且不可不懂装懂。

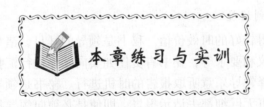

本章练习与实训

一、思考与讨论

1. 许多领导升职之后都会把原来的秘书带走。有人说，一个好的秘书就是领导的左臂右膀，需要有好的工作方法和掌握秘书工作的艺术。那么，我们应该做什么样的秘书？

2. 谈一谈秘书在工作中应当如何处理好其与领导的关系。

二、案例分析

1. 案例：领导的"出气筒"

周五，王芳在办公室与领导市场部的主管郑瑞发生了很不愉快的争执。事情是这样的：周四下午4点刚结束例会，郑瑞就叫王芳去办公室，交代她将资料及时发送给客户。王芳立即电话通知快递公司，对方爽快答应了。结果快递公司当天并未到办公室取件，第二天一上班，王芳又催促快递公司尽快过来收件，对方答应马上到。王芳随即被总经理叫去赶写一份材料，办了些其他事务，接近12点才回到办公室。郑瑞看到王芳回来，资料还在她的办公桌上，一下子就火了："昨天给你说了发急件，现在都什么时候了，还在这里堆着？你去哪里了？"王芳解释说自己催了几次，但郑瑞觉得王芳办事拖拉，又训斥道："你不知道换家快递公司吗？人家不来拿，你不知道动动脑子想想办法吗？废物！"郑瑞因工作的失误刚被老总批评了，王芳这下无疑成了出气筒。王芳的心里很委屈，这不是刚才被老总叫去办事吗，自己也是分身乏术，忙这么久还被骂一顿，越想越气愤，摔门扬长而去。

问题：你觉得王芳的做法是否有欠妥之处？如果你是王芳，你会如何面对把自己当"出气筒"的领导？

2. 案例："甘做幕后英雄"

众所周知，斯大林在晚年非常独裁。"二战"期间，"唯我独尊"的斯大林曾使红军大吃苦头，遭受重创。

他不允许任何人比自己高明，更别说接受下属的不同意见。曾多次提出正确建议的朱可夫曾被斯大林一怒之下轰出了大本营。但有一人例外，他就是华西里也夫斯基，他往往能使斯大林在不知不觉中采纳他的正确的作战计划，从而发挥着杰出的作用。华西里也夫斯基的进言妙招之一，便是潜移默化地在休息中施加影响。在斯大林的办公室里，华西里也夫斯基喜欢趁斯大林休息并且心情不错的时候和斯大林谈天说地的"闲聊"，并且往往经意地"顺便"说说军事问题，既非郑重其事地大谈特谈，讲的内容也不是头头是道。但奇妙的是，等华西里也夫斯基走后，斯大林往往会想到一个好计划。过不多久斯大林就会在军事会议上宣布这一计划。于是大家都纷纷称赞斯大林的深谋远虑，但只有斯大林和华西里也夫斯基心里最清楚，谁是真正的发起者，谁是真正的思想来源。

问题：华西里也夫斯基是如何说服独裁的斯大林的？对于秘书而言，这有何借鉴意义？

第七章

秘书职业规划与发展

第一节 认知秘书职场及求职要求

×××市体育局招聘文秘人员启事

因工作需要，现面向社会招聘1名工作人员（聘用制），录用人员人事关系由××市新世纪人才派遣有限公司按人才派遣办理。

一、招聘岗位及人数

办公室秘书岗位1名。

二、招聘条件

1. 35周岁以下。
2. 新闻、中文或相关专业全日制专科及以上学历，具有一定文字编写、编辑能力。
3. 熟练运用Word、Excel、PPT等相关软件。
4. 最好有记者、编辑或文字编写相关两年以上工作经历。
5. 能运用单反相机拍摄新闻照片，能运用后期处理软件对照片进行简单处理。
6. 有创新思维和创作热情，吃苦耐劳，工作责任心强，有奉献和团队精神，身体健康（参照公务员体检标准）。
7. 无违法违纪不良记录。

三、招聘程序

（一）报名

有意者请提交本人身份证、户口簿或户籍证明、毕业证书、学位证书等正式有效证件（原件、复印件各一份），近期同底二寸免冠照片2张，到报名地点报名。

报名时间：2011年6月16日至6月23日（双休日除外）

（二）初审

岗位招聘人数与岗位报考人数的比例原则上不低于1:3，低于1:3的比例，取消招聘计划。

（三）组织录用考试

由市体育局统一组织考试及录用。

四、其他事项

招聘人员与××市新世纪人才派遣有限公司签订劳动合同。按规定缴纳基本社会保险、医疗保险、失业保险等。

> 五、联系办法：
> 联系人：×××
> 联系电话：×××××
> 地址：×××××
> 试分析：从上述招聘启事，可以看出现代企业对秘书的要求，你作为文秘专业学生，应该为自己的求职做哪些准备？

一、秘书的任职资格与条件

（一）具有过硬的专业技能

面对激烈的人才竞争，招聘单位对求职者的年龄、生理条件、学历和专业技能水平等硬指标要求相当严格。对秘书来说，比较传统的三项要求是写作技能、英语和现代办公设备使用能力，近年已经变化为网络办公技术、英语和第二专业，并且量化为硬指标。

（二）具有良好的综合素质

"软件"是指秘书把知识转化为智慧、把理论转化为方法、把观念转化为日常德行，从而展现的综合素质的指标。

（三）"第二专业"不可或缺

很多的企事业单位对求职者的外语水平，尤其是英语水平有较高的要求。此外，作为秘书，特别是在企业单位从事秘书工作的人员还需要熟悉合同法、商法等相关知识。

二、秘书的求职过程

（一）推荐秘书的渠道

1. 求职聘者自荐

求职者自我推荐的优势是其容易将自己的情况表达出来，但在自荐过程中容易有意或者无意地模糊自己的弱势，甚至不能清晰地表明自己的条件。

2. 具有秘书职业背景的人推荐

这种推荐渠道如果推荐方愿意，推荐成功的几率较大。但这种渠道又是通过熟人托转，且有时被托转对象碍于情面不愿推荐，这样不免会有些强人所难，所以不如自荐的方式直接。

3. 应聘者原单位或者毕业学校推荐

这种推荐方式可信度较高，一般用人单位可以获得较真实的评价，但这种方式会使求职者产生依赖心理，不利于求职者的主观能动性的发挥。

（二）求职材料准备

1. 求职自荐信

（1）自荐信应包括的内容。

一要说明求职者个人的基本情况和用人消息的来源。首先简要介绍求职者个人的基本情况，如姓名、性别、年龄、政治面貌、就读专业和学校等。这部分详细情况可以在个人简历中说明。如是书面求职，最好附有近期照片。其次，如果求职目标很明确，求职者应尽可能地说明用人消息的来源，这样用人单位看后会很高兴。求职者同时要说明自己对该单位的印象，表示希望到该单位从事某某职业的愿望。

二是说明胜任某项工作的条件。这是自荐信的核心部分。求职者主要向对方说明自己有知识、有经验、有专业技能，有与工作相符的特长、性格和能力。这部分内容要突出重点，针对性强。如向图书馆或者档案馆求职，这是"好静"的工作，求职者介绍自己就不能过多地说自己性格开朗活泼、爱好文艺……而应该多介绍自己细心、耐心、工作认真等，这样更易于让人接受。自荐信切忌千篇一律，篇幅过长。

三是介绍自己的潜力，进一步给对方增加印象，介绍自己曾经担任过的各种社会工作及取得的成绩，预示自己有管理方面的才能，有发展、培养的前途。如在谋求会计工作时，求职者可以介绍自己使用珠算、计算机的熟练程度；向宣传部门或者公关部门推荐自己时，要介绍自己具备文艺、书法、摄影等特长。

四要简要介绍自己在校期间的表现和获奖情况。

五要在自荐信的最后求职者向对方表示面谈的愿望，要写清自己的通信地址、电话号码和邮政编码，以便于用人单位与自己联系。要注意文字通顺、字迹工整，语气上要尊重对方。

（2）自荐信"二忌"。

许多在报纸上刊登的自荐资料给人一种华而不实的感觉。不论是向企业写求职信，还是在媒介刊登求职广告，求职者都要注意以下两个问题。

一是忌给自己戴高帽子。

有的求职者动辄就给自己戴上"专家"的帽子，这些东西让行家看了感到很虚伪。是不是专家，不是自己说的，也不是自己找几个朋友或者写几篇文章吹嘘一下就能成的。

二是忌炫耀自己以往的经历。

由于种种原因，一些人在成长的过程中走过许多的弯路，在许多的企事业单位都干不长久，这是可以理解的。一个人的成功，不可能是一帆风顺的。但是有的人却把这当成资本，到处炫耀，这就大错特错了。如一个30岁的年轻人表示自己已经在十多家企业当过总经理或副总经理，并且都得到了老板的赏识。有人不免产生质疑，什么这个年轻人最后还是离开了这些企业另谋职业？复杂的经历对人是一种磨炼，但是在求职时企事业单位更想知道求职者离开的原因，不妨把失败的原因也讲出来，这样反而给人一种诚实的感觉。注意，不要过多地指责前任领导不会用人。过多地吹嘘自己会给人一种很肤浅的感觉，很难让新领导委以重任。

从自荐资料上不光可以看到一个人的经历，也可以看出一个人的品格。

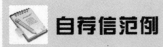 **自荐信范例**

自 荐 信

尊敬的领导：

　　您好！

　　我是一名即将毕业的××大学本科生，非常高兴在中华英才网、广州人才网和我们的校园网站上看到中国移动广东分公司的招聘信息，特别是看到广州和中山分公司都在其中，如果能在自己的家乡加入移动，对我这个喜爱移动喜爱广州的人来说是绝妙的。

　　但是您一定有疑虑，因为我这个学旅游酒店管理的人却想应聘市场营销！关于这个问题，我想进行如下说明。

　　第一，在学科知识上我并不逊于市场营销专业。我们的专业除了学习市场营销的一系列课程外，还专注于消费者心理的研究，正如移动所说"沟通从心开始"，把握消费者心理对于营销策划更为重要。另外，我还广泛阅读了从《定位》到《忠诚的价值》等众多营销论著。

　　第二，市场营销中许多具有艺术性、技巧性和因地制宜的东西，都不是可以从书上学到的，大卫·奥格威在成为广告教父之前是一个被牛津退学的郁闷厨子，策划狂人史玉柱也不过是一个整天计算数学方程式的四眼学生。在这点上，我已经证明了我的天赋，我的营销案例分析课程是全院最高分95分，而且从简历中您能够看到，我曾经成功地参与了企业的策划活动。

　　在广东移动的业务当中，我很中意12580移动秘书服务，我觉得这是一个设计得非常好的增值服务，工作人士以及像我们这样正在找工作的大学生就非常需要此项服务。最关键的问题是如何推广给顾客！假如我有幸能够加入移动，我会采取如下的方法来推广。

　　1. 在大学校园设立咨询台进行推广。我们可以联系学校的就业辅导中心，强调我们这项服务可以帮助大学生不错过任何一家企业的面试通知，那么很可能学校会免费提供场地让我们做宣传。

　　2. 免费免操作为顾客提供半个月的12580移动秘书服务，所谓免操作，是指顾客不需要到营业厅办理，不需要自己打1860开通，也不需要设立密码，一切都和短信息一样，是自行开通的！顾客对于任何一项服务都是非常非常怕麻烦的，所以我们要把服务做到零麻烦！当顾客已经习惯这项服务时，我们就可以要求顾客打电话开通此项业务了！

　　当然，目前我对于移动的业务完全是门外汉，您可能会对我的幼稚哑然失笑，不过，我只是想让您了解我对通信业务的热情和喜爱！同时我相信自己能够为广东移动的壮大添砖加瓦，和全球通的新广告词一样"我能"！

　　感谢您的阅读，忠心期待您的回复。同时祝您身体健康，一切顺意！

××大学郑××（亲笔签名）
2011年9月1日

2. 个人简历

个人简历是求职者生活、学习、工作、经历和成绩的概括集锦。个人简历的真正目的就是让用人单位全面地了解求职者，从而为自己创造面试的机会。个人简历一般很少单独寄出，它总是作为自荐信的附件呈送用人单位。

（1）个人简历的格式。

一般常用的简历格式有两种。一种是按照年月顺序，列出求职者的学习经历和工作经历。另一种是根据需要有选择地列出求职者的学习经历和工作经历，充分表现自己的技能和品德。但对于刚从大学毕业的求职者来说，采用第一种格式更好。

（2）个人简历的主要内容。

个人简历的第一部分应该列出求职者的姓名、性别、年龄、学校、系别及专业，获得何种学位及概括自己的愿望和工作目的等。第二部分可以简述求职者的学习经历和工作经历，包括所学主要课程及学习成绩、在学校和班级所担任的职务、在校期间所获得的各种奖励和荣誉、业余爱好和特长、适宜从事的工作、通信地址和邮政编码等。这样，个人简历的主要内容就基本齐备了。

（3）如何写好个人简历。

个人简历也就是求职者学习和生活的简短集锦。它的真正用处就是让用人单位充分了解自己，从而提供可能的就业机会。个人简历有一二页即可，不可太长。注意，个人简历应该表达适度，富有个性。简历的格式应该便于阅读，有吸引力，并使用人单位对求职者和求职者的应聘目的有良好的印象。如果求职者感到有些字眼需要特别引起人们的注意，可以在这些字下面划杠或者加着重号进行提醒。当然，简历的用语也要得体，书写也要工整清楚。

 知识链接

毕业生简历写作建议

一、展示你的特性

针对与他人相似的教育背景和文凭的不足，让自己"鹤立鸡群"，以示你有别于自己的同学和其他的应届毕业生。建议强调任何成就、职责或你所完成的任务，表现你的非工作成绩，展现你参加的课外项目、专业协会等。

二、展示相关的工作经验

最好展示与所申请职位相关的经验，如果没有就使用不相关的工作经历，至少表明你对工作环境是熟悉的。建议展示志愿者和义工经历；兼职、假期工或周末工经历；相关的培训和实习经历；相关的项目、课程和毕业设计；其他能够展现你拥有的技术能力的经历。

三、重点突出你的教育

你受到的教育是你所能提供的最重要的内容，要尽量给出细节，同时要技巧地处理好你的文凭和其他资质。建议将最重要的文凭放在前面，将最相关的资质放在显著位置，列出你的专业课程名称和成绩。

四、用培训课程吸引招聘者的眼球

通过你参加过的相关培训课程，向招聘者展示你与该行业或该领域的相关性。要注意别使用太多的培训课程，课程要与你申请的职位相关，别使用很久以前的培训课程。

五、用兴趣和爱好补充

一些业余爱好和兴趣，对你的职业能够产生正面的影响，能够弥补你在工作经验方面的不足。要注意在业余爱好和申请职位之间建立联系，在业余爱好和个人品质之间建立关联，别使用太多的兴趣爱好，别让招聘者看出你为某种目的而设计爱好，别写不适当的爱好。

六、其他可以借鉴的建议

用职业目标代替自我描述。瞄准该工作职位需要的技巧。不要刻意隐藏缺乏相关经历的事实。采用功能型简历，强调个人的技巧，弥补缺乏。别让无用信息淹没有限的、有价值的信息。考虑申请低一些的职位，得到工作经验第一。

个人简历范例

例文1：文字式简历

个 人 简 历

一、基本信息

姓　　名：邱×× 　　　　性　　别：女
毕业院校：××科技师范学院　政治面貌：共青团员
最高学历：本科　　　　　　所修专业：市场营销
人才类型：普通求职　　　　毕业日期：2011.6

二、求职意向

求职类型：全职
应聘职位：文员、客服、业务、促销员
希望地点：秦皇岛
希望工资：月薪1000～2000 RMB

三、自我评价

诚实、稳重、有活力，待人热情；学习刻苦勤奋，有较强的自觉性，成绩优秀；工作认真负责，积极主动，能吃苦耐劳。有较强的组织能力和团体协作精神。缺点是有时做事有点执着。做事的原则是：要么不做，要做就会尽自己最大的努力去做，力求做到最好。

相信您的信任与我的实力将为我们带来共同的成功！

希望我能为贵公司贡献自己的力量！

四、教育背景

2005.09—2009.07　　××科技师范学院　市场营销　本科
2006.09—2006.11　　东方新华　助理营销师　获助理营销师证书

五、实践经历

系部学生会宣传部副部长，院团委主办的报社通讯员，启明星文学社团编辑部副主编

大二期间在苏宁电器为"海尔洗衣机"作促销员

大三期间在广源超市为"百事可乐"从事促销工作

大三下半年在橡国国际实习，从事产品宣传、推销工作

大四期间在时代××、北京××发行中心等从事电话销售工作。

六、所获奖励

大二期间曾获系部封闭式征文比赛优秀奖

大四期间获二等奖学金

七、语言及计算机能力

参加全国大学生英语四级考试511分

普通话：二级乙等

能熟练操作Word、Excel、PPT等Office办公软件

获全国计算机二级证书

八、联系方式

联系电话：130×××××××

联系地址：河北省××中心大厦F-410室　邮编：××××××

电子信箱：130××××××××@163.com

例文2：表格式简历

个 人 简 历

姓名	张×	性别	女	近期免冠照片
出生年月	1986.9.10	政治面貌	中共党员	
户籍	江苏	民族	汉族	
身高	172cm	健康状况	良好	
联系电话	139139××××	电子邮件	yuan××××@163.com	
求职意向	文员	毕业院校	××职业技术学院	
专业	人力资源管理/文秘双专科			
主修课程	人力资源规划与招聘、岗位分析与培训、绩效与薪酬管理、劳动就业与社会保障、人力资源管理工作实训、行政管理、企业管理、基础会计、财务管理、商务策划、市场营销、高级秘书基础、文书与档案管理、秘书写作实务、秘书工作实训、办公自动化、公共关系			

证书情况	计算机一级证书，初级商务策划师 秘书四级证书，机动车驾驶证
获奖情况	2005—2006年，被评为"优秀共青团干部" 2005—2006年，被评为"优秀共青团员" 2007年，被评为"寒假社会实践先进个人"
实践与实习	大二寒假，在××县检察院实践，主要从事文员工作 大三寒假，在城市生活旗舰店作假期工，主要从事销售工作 大三暑假，在连云港市×公司实习，从事秘书工作
任职状况	班级团支部书记；系团总支组织委员；系团总支副书记 在任职期间曾多次组织班级团日活动，在贯彻院团委精神的同时，又提高了班级的凝聚力。在院系活动中（迎新晚会、辩论赛、职业技能节、运动会等），不仅做到发散思维搞创新，还有效控制预算、节省开支
自我评价	本人有较强的责任心，协调能力和沟通能力强；工作有耐心、细致，积极的人生态度，坚定地认为有付出一定有收获，有努力就离成功很近

3. 其他材料

除了自荐信和个人简历之外，为了加深用人单位对求职者的印象，有时求职者需要提供进一步的其他材料，主要包括求职者在大学期间所获得的各类荣誉证书以及成果证明材料等。

其他材料的使用方法要根据自荐的方式而有所不同。如果面见招聘者或者亲自上门去推荐自己，材料可以准备充分一些，凡能反映自己各方面能力的材料尽可能携带齐全，而且最好带原件。若采取寄送自荐材料的方式，则应该选择最具代表性的其他材料，而且要根据各单位的不同情况有针对性地取舍，并且最好邮寄复印件，以免丢失。

（三）接受考试

用人单位通过对求职者的简历进行层层筛选，从中选出符合条件的求职者，按照招聘程序对他们进行考试。

1. 笔试

笔试是一种常用的考核办法，是用人单位对求职者所掌握的基本知识、专业知识、文化素养和心理健康等综合素质进行考查和评估。笔试对求职者来说是相对比较公平的一种测试方式，因而被越来越多的企事业单位采用。

招聘秘书的企事业单位比较重视笔试。笔试一般测试应用文写作水平、英文水平、函电业务水平、秘书专业知识和相关知识等。不同的用人单位的工作要求不同，所考试的水平也不统一。有的用人单位设计了自然科学和社会科学基础知识、文化课的水平考试；有的用人单位参照公务员考试，测试行政能力倾向等知识。

2. 面试

秘书的具体岗位职责因用人单位而异，可能是综合型，也可能偏向于专业型（如法律、公关、文书，有的甚至类似于销售助理等）。面试时求职者要注意侧重点，尽可能了解对方单位的情况，根据用人单位的特点，事先把一些相关问题设计好，以便面试时有效应对。

参加面试时求职者应该按照通知时间提前10分钟到场，可借此稳定自己的情绪，调节好临场状态，做足心理准备，保证在主考官的面前气定神闲。作为秘书，由于经常负责接待，用人单位非常看重求职者是否具有稳重、成熟的气质。

面试中求职者要注意个人形象是否端庄大方，举止是否有礼有节，谈吐是否文雅。因为秘书的形象代表着企事业单位的形象，所以这一点必须在面试中加以注重。参加面试时，求职者应当穿着职业装，适当修饰自己的仪容，秘书的形象应当清丽中透出沉稳，切忌浓妆艳抹。站在主考官的面前要充满自信，面带微笑，双眼直视对方。入座后姿态应该优雅大方，展现自己良好的职业形象。

面试一般采用较随便的谈话方式进行提问，借此考查求职者的语言组织和表达能力，求职者要提前做针对性的准备。面试结束后，出于礼貌，应该与对方道别，轻轻掩上办公室的门，微笑退出。

3. 实际操作测试

对秘书的实际操作测试目前很多是计算机应用方面的，如要求熟练操作Office的相关软件，使用互联网等。用人单位可能会让求职者制作一个文本或者从网上寻找信息并下载文件。比较正式的面试可能请求职者进入角色，协助操办会议等。还有的面试特意请求职者临时接待客户或者处理某件事务，以在工作中观察其综合素质。

第二节 秘书职业发展及资格认证

陶小桃今年28岁，在广西一家进出口贸易公司做文秘，已经工作3年多了，工作上照理说已经得心应手，但陶小桃近日却心绪不宁，原来公司最近新招进了一批刚毕业的大学生，她们朝气蓬勃，而且初生牛犊不怕虎。

都说长江后浪推前浪，新同事的到来让她产生了压力：工作3年了却仍然从事着辅助性的工作。陶小桃觉得自己很快就要到而立之年，职业发展却步履蹒跚，未来方向不明，内心的恐惧和自卑与日俱增。

每天早上睁开眼睛，陶小桃就觉得日子特别难熬，秘书工作既累又杂，专业技能不高，创造价值不明显。可她当初学的是文秘专业，大学毕业后到现在一直做文秘工作，除了当秘书，她对从事别的工作没有没信心，想转行却不知道自己适合哪一行。可如果不跳槽，她又不甘心一辈子当秘书。现在，陶小桃对自己的职业充满了困惑。

试分析：陶小桃为什么会有这样的困惑？她该如何解决？

一、秘书的职业发展

（一）身份职业化、专门化

在一些国内同行领先企业中，职业化已经成为秘书工作的重要特征。现代企业制度的建立和逐步完善，促进企业集团化、规模化的逐步形成和发展，处于协调、辅助地位的秘书工作的作用也正在不断强化。"内务"与"外事"的有机融合，"传统"与"现代"的相互冲击，使现代秘书工作的活动领域有较大的拓展，也使秘书身份职业化进一步成为可能。秘书将成为社会最大的职业群之一。

（二）服务多元化

随着市场经济的深入发展，对秘书人才提出了多层次、多类型的立体化发展需求。秘书工作的服务对象、服务内容、服务方式也随之呈现多元化的发展趋势。这就要求现代秘书工作服务实现智能化和事务化的高度统一，不但要承袭过去那种"承上启下、收收发发、接转电话、写写报报"的事务性办公内容，更要在实践的过程中涵盖现代秘书工作辅佐性的真正含义，使秘书不仅是企业生产、经营、技术、管理的熟悉者，还应该成为领导决策的辅助者，从而具备较强的组织能力、协调能力、督办能力、应变能力和分析能力。这些都对现代秘书的智慧、知识和能力提出了更高的要求。

（三）参谋深层化

面对更广阔、更复杂的局势，管理工作的难度大大增加，秘书工作一般性的服务远远不能满足领导决策民主化、科学化的管理要求，提供智力辅助服务已成为秘书工作发挥参谋助手作用新的发展方向。秘书工作的辅佐性决定了秘书工作的重要性，辅佐能力的强弱渐渐成为衡量、检验和评价秘书综合素质强弱的一个重要参数。

（四）工作手段现代化

随着高新技术在办公室的普及，传统的办公手段发生根本性的变革，秘书工作手段自动化、现代化将得到长足的发展。随着网络技术的发展，打印机、复印机、传真机等现代化办公设备的广泛应用大大提高了工作效率，许多的工作可以用计算机处理。如在美国秘书中 1/3 的人掌握了计算机编程技术，1/2 的人因掌握了新技术而增加了工资。过去秘书常常因记录速度太慢而发愁，领导讲话 2/3 的内容记不下来。后来发明了速记，但符号难写难记，只有少数专业的速记员能掌握，后来又使用录音机，先把领导的讲话录下来，再慢慢整理，这样十分麻烦。有了电脑速记机，可以通过语音对领导的讲话进行同步打印，这在以前是不可想象的。所以，计算机和网络的普及将会更大地促进秘书工作的进行。

二、秘书资格认证

1998 年 6 月，原国家劳动和社会保障部向全国发布了《秘书职业资格鉴定试点工作方案》。该方案指出：为提高我国秘书职业从业人员的业务素质，做好秘书的培训工作，决定从 1998 年上半年开始,逐步推行职业资格证书制度,这迈开了我国秘书职业化的第一步。职业资格证书是表明劳动者具有从事某一职业所必备的学识和技能的证明,它是劳动者求职、任职、开业的资格凭证,是用人单位招聘、录用劳动者的主要依据,也是境外就业、对外劳务合作人员办理技能水平公证的有效证件。

秘书的职业化意味着秘书就职不仅获得组织或者领导的认可,而且得到社会和法律的承认和保障;也意味着秘书都有资格参加自己的职业工会,其就业、待遇、升迁、权利等都可以得到工会的保障;还意味着我国的秘书组织有参加国际秘书组织的可能性,秘书有到其他国家担任秘书职务并享受同等待遇的可能性。我国目前进行的秘书职业资格鉴定有多种形式,具体如下。

(一)国家秘书职业资格证书考试

国家人力资源和社会保障部(原国家劳动和社会保障部)要求秘书职业资格鉴定按照"五个统一"(统一教材、统一命题、统一考务管理、统一证书管理的质量控制、统一鉴定)的原则进行。为用人单位挑选合格人才提供客观标准,为规范秘书培训和促进就业服务。

鉴定对象为:企事业、涉外机构等组织中从事办公程序性工作、协助领导处理政务及日常事务的人员(不含公务员)和有志从事秘书工作的人员。

申报条件如下(具备其中之一者即可)。

1. 五级秘书(具备以下条件之一者)

(1)连续从事本职业工作 1 年以上。

(2)具有中等职业学校本专业(职业)或相关专业毕业证书。

(3)经本职业五级正规培训达规定标准学时数,并取得结业证书。

2. 四级秘书(具备以下条件之一者)

(1)连续从事本职业工作 3 年以上。

(2)连续从事本职业工作 2 年以上,经本职业四级正规培训达规定标准学时数,并取得结业证书。

(3)取得本职业五级职业资格证书后,连续从事本职业工作 2 年以上。

(4)取得本职业五级职业资格证书后,连续从事本职业工作 1 年以上,经本职业四级正规培训达规定标准学时数,并取得结业证书。

3. 三级秘书(具备以下条件之一者)

(1)连续从事本职业工作 6 年以上。

(2)具有以高级技能为培养目标的技工学校、技师学院和职业技术学院本专业或相关专业毕业证书。

(3)取得本职业四级职业资格证书,连续从事本职业工作 4 年以上。

(4)取得本职业四级职业资格证书,连续从事本职业工作 3 年以上,经本职业三级正规培训达规定标准学时数,并取得结业证书。

(5)具有本专业或相关专业大学专科及以上学历证书。

(6)取得其他专业大学专科及以上学历证书后,连续从事本职业工作 1 年以上。

(7)取得其他专业大学专科及以上学历证书后,经本职业三级正规培训达规定标准学时数，并取得结业证书。

4. 二级秘书（具备以下条件之一者）

（1）连续从事本职业工作 13 年以上。

（2）取得本职业三级职业资格证书，连续从事本职业工作 5 年以上。

（3）取得本职业三级职业资格证书，连续从事本职业工作 4 年以上，经本职业二级正规培训达规定标准学时数，并取得结业证书。

（4）取得本专业或相关专业大学本科学历证书后，连续从事本职业工作 5 年以上。

（5）具有本专业或相关专业大学本科学历证书，取得本职业三级职业资格证书，连续从事本职业工作 4 年以上。

（6）具有本专业或相关专业大学本科学历证书，取得本职业三级职业资格证书，连续从事本职业工作 3 年以上，经本职业二级正规培训达规定标准学时数，并取得结业证书。

（7）取得硕士研究生及以上学历证书后，连续从事本职业工作 2 年以上。

考核内容包括职业道德、基础业务素质、案例分析和工作实务等四个基本内容。涉外秘书增加外语考核部分，秘书职业资格二级增加业绩评估部分。

考核方式有书面应答（书面回答标准化试卷问题）、情景模拟（观看情景录像书面回答问题）、任务解决（对提出的工作任务进行书面回答）、综合测试（涉外秘书英语考试）和业绩评估（专家对考生提供的个人工作业绩进行综合评审）。

秘书（五级、四级、三级）中的理论知识和技能考试两个模块的分数分别达到 60 分，即为秘书考试及格。秘书（二级）中除了上述两个模块分别达到 60 分以外，业绩评估部分也应该达到 60 分，秘书考试才算及格。秘书（五级、四级、三级、二级）成绩未达到及格线，且只有一个模块成绩不及格者，其合格成绩保留一年有效，保留期间可申请参加一次不及格模块所在考试段的补考。

考核内容均及格者，由国家人力资源和社会保障部职业技能鉴定中心发给相应级别的"国家秘书职业资格证书"。

（二）剑桥秘书证书考试

剑桥秘书证书考试是教育部考试中心和英国剑桥大学考试委员会（UCLES）合作在我国实施的社会化职业证书考试项目，为各行业提供规范的、国际标准的现代秘书培训体系，是办公室管理及秘书从业人员的培训、考试系统。举办剑桥秘书证书考试的目的在于适应我国加入 WTO 后的国际环境，培养具有现代秘书意识和技能的适应市场经济发展需要的专门人才。

"剑桥秘书证书考试"采用模块化的学习方式，将现代各种办公环境中的工作技能设计在不同模块之中，供学员学习。"剑桥秘书证书考试"的模块是由不同级别的核心模块和选修模块组成，学员根据自身情况既可选择单模块学习，也可选择按级别学习。

剑桥秘书证书考试分为初级（一级）、中级（二级）和高级（三级）三个级别。其核心课程包括《文字处理》、《速记》、《办公室管理》、《沟通与项目管理》；选修课包括《客户服务》、《信息与沟通技术》、《人际商务技巧》、《会议组织和活动等》。

参加培训并考试成绩合格者可获得由教育部考试中心中英中心（SBC）和英国剑桥大学考试委员会（UCLES）联合签发的证书。在通过相应考试的基础上，证书共分五种形式。

（1）对完成全部核心模块并通过相应考试的考生，颁发"核心模块合格证书"。
（2）对完成单个选修模块并通过相应考试的考生，颁发"单科模块合格证书"。
（3）对完成三门初级核心模块和一门初级选修模块并通过相应考试的考生，颁发"初级剑桥秘书证书"。
（4）对完成三门中级核心模块和二门中级选修模块并通过相应考试的考生，颁发"中级剑桥秘书证书"。
（5）对完成三门高级核心模块和二门高级选修模块并通过相应考试的考生，颁发"高级剑桥秘书证书"。

（三）LCCIEB（伦敦工商会考试局）秘书证书考试

该证书考试在英国本土最高有四级，在我国国内目前只开考二级和三级。考试形式为笔试，全球统一命题、统一考试，我国考生也许采用英文试卷。该项目一年考四次，分别在3月、4月、6月和11月举行，根据英方和教育部考试中心签署的协议，考务方面由教育部和各地教育行政部门组织。该考试对报考人没有资格限制。其证书在赴英留学移民方面可作为申请条件之一。

（四）商务秘书证书

商务秘书证书由全国商务秘书考试中心（隶属于商务部中国国际贸易学会）组织考试。考试分为三个等级：商务文员（初级）、商务秘书（中级）、高级商务秘书（高级）。考试内容包括秘书的基本知识、商务知识、外贸函电、企业经营与管理、法律法规等。考试采用笔试方式进行。商务秘书（中级）首次考试于2012年10月举行。考试合格人员将有全国商务秘书考试中心办法相应等级的证书，证书全国通用。

（五）IAAP（国际职业秘书协会）秘书资格考试

目前该考试在北京和上海等大城市已经设立培训点和考点。报考资格为：高中生有6年秘书工龄，大学生有共6年大学学龄和秘书工龄，有学士学位的人需要满1年工作经验才可以报考。考试科目包括企业法、企业行为科学、企业管理、人际学、秘书会计学、秘书技能、办公室秘书工作程序等。考试连续进行12小时。合格者获得"特许职业秘书"资格。

（六）中国秘书岗位资格证书考试

为贯彻国家教育主管部门制定的高等学校毕业生实行学历文凭和职业资格证书相结合的"双证制度"，坚持以服务学生就业为导向，为愿意走向秘书岗位的大专院校学生铺路搭桥，中国高等教育学会秘书学专业委员会在近年来组织开展社会调查的基础上，深入分析、整合各行各业所需要的秘书人才的培养规格和从业条件，制定了《中国秘书岗位资格证书考核大纲》，策划、组编、出版了《中国秘书岗位资格证书教程》，并于2006年开始组织中国秘书岗位资格证书考试。该考试主要服务于大专院校应届毕业生，也欢迎已经获得同等学力并愿意走向秘书岗位的青年接受培训并参加考试。

三、备考秘书证书

要想顺利通过秘书职业资格鉴定考试，首先要认真学习《秘书国家职业标准》的内容，牢固掌握该标准上所列出的知识和技能。除此之外，还需要注意以下三个方面。

（一）分析命题特点

秘书职业资格鉴定考试，涵盖了教材所有章节的内容，体现了全面考核的特点。考试重在评价考生是否具备秘书职业的基本能力，侧重考核考生是否扎实掌握基础理论知识，是否具有实务操作和职业判断能力，体现出知识的理解和实际应用能力相结合这一命题思路。

命题依据是原国家劳动和社会保障部颁布的《秘书国家职业标准》，同时结合当前社会经济的发展水平对秘书从业人员的要求。为了加强命题管理，提高命题质量，保证职业技能鉴定顺利进行，国家人力资源和社会保障部职业鉴定中心组织专家开发建设了题库，并以鉴定要素细目表的形式确定了知识和技能两方面所应考核的范围和内容。在每个职业等级的鉴定要素细目表中，知识和技能部分各有100～200个鉴定点，它较准确地反映了对秘书从业人员的要求，同时也确定了命题范围，保证了试卷的内在质量。

命题侧重基本知识和基本技能的理解与掌握，注重相关知识对技能的支撑作用，强调技能与工作实践的内在联系。

此外，命题还反映出以下特点。

1. 题量大，覆盖面广

秘书职业资格鉴定考试的题型多，题量大。分卷册一、卷册二。每卷有多种类型题目，大题又有若干小题。如卷册一，包含了职业道德和基础业务素质两大部分。职业道德部分有25道题目。基础业务素质部分有100道题目，两者加起来共有125道题目。这些试题分布广，涉及的考点近百个，充分体现"章章有题目，节节有覆盖"的出题思路。

这就要求考生有足够的心理准备，避免猜题、押题的侥幸心理，克服死记硬背和走马观花的学习方法。考生切记，只有全面复习、弄懂弄通、学深学透、精读教材内容，才能在规定的时间内完成如此大量的考题。

2. 全面考核，突出重点

秘书职业资格鉴定考试既体现了全面考核的原则，又突出了重点。翻阅历次的考题，可以发现，考得最多、占分量最大的是会议管理、事务管理和文书拟写与处理，突出体现在与秘书职业密切相关、实际应用较多的内容上。

3. 注重实际，应用性强

秘书职业资格鉴定考试，注重实际知识和技能，注重考生对知识、技能的实际运用能力，避免理论化或科学化。如情景录像笔答题，就要求考生把学过的知识，包括职业道德和专业知识融会贯通，并应用到对录像中的秘书形象和环境进行评价。这就把知识学"活"了。

4. 灵活性大，综合分析要求高

除了上面所说的录像题外，工作实务题也是综合分析题。这些题目所涉及的知识、技能，往往不局限于某一章节，而是若干章节的知识、技能。这就要求考生复习时注意相关章节之间的互动性，相关问题可以集中归类复习，注意彼此间的区别和联系，并能融会贯通地加以运用。要学会把复杂的问题简单化，找到适当的解题切入点。

（二）掌握不同题型的答题技巧

秘书职业资格鉴定考试分为两个模块。第一模块为基础知识部分。此模块由两个部分组成，一是职业道德部分，二是理论知识部分；主要的题型是选择题（单项选择题和多项选择题）；此模块共 100 分，125 题，其中职业道德 25 题，理论知识 100 题。第二模块为专业能力部分。此模块也由两个部分组成，一是案例分析，二是工作实务（二级增加综合评审）；总分为 100 分，其中案例分析 2 题共 50 分，工作实务 3 题共 50 分。

下面就试卷的题型与应答方法逐一进行介绍。

1. 选择题

选择题的答题技巧主要有以下十二种。

（1）直觉分析法。

直觉分析法就是考生根据题干直接选出正确答案的方法，属于顺向思维判断法。有些单项选择题所涉及的内容，考生已经烂熟于心，有的是最基本的常识，不须考生再费心思决断。这种方法比较适合单项选择题。

（2）排除法。

排除法是考生不能确定答案时采用的一种逆向思维判断法。如果考生不能一眼看出正确答案，应该首先确认并排除明显是荒诞拙劣或不正确的答案。一般来说，对于选择题，尤其是单项选择题，有时题干与正确的选择答案几乎直接抄自于教材，其余的备选项可能是命题者自己设计的。即使是最高明的命题专家，其所写出的备选项也有可能被考生一眼就看出是有悖常识的错误的答案。尽可能排除一些考生认为错误的选择项，就可以提高考生选对答案而得分的几率。

（3）还原法。

一种是命题者将较复杂的问题简单化了，也就是将每条题义浓缩概括后，变为一个简单的句子或词组甚至是一个词。分析这类试题时，宜将各项答案扩展开来进行"还原（题义）"，各项答案整合后很可能回答的是一个集中的大问题。这种问题往往是教材上的原文，有时是从多条原文（义群）中选出几条，进行浓缩后才作为选项的。这类题只适合多项选择题。另一种是将考生认为正确的选择项置于试题中，再从语法角度和语义角度来检验判断答案的正误，此方法比较适合单项选择题。

（4）词语分析法。

词语分析法是考生抓住题干中的关键词语或者对词语间作有机的联系，然后确认正确答案。

（5）逻辑联系法。

逻辑联系法就是考生将选项中某些词语和题干中的某些要点作出逻辑联系，然后判定正确答案的方法。

（6）类比法（比较法）。

四个选项中有 1～2 个选项不同，属于一个范畴或类属，那么，余下的 3 项或 2 项则为选择项。类比法（比较法）适合于多项选择题。

（7）猜测法。

如果考生不知道确切的答案，也不要放弃，要充分利用所学知识去猜测。一般来说，排除的项目越多，猜测正确答案的可能性就越大，此种方法是消极的选择方法。

（8）常识法。

常识法是根据人们在日常生活、学习、工作中积累起来的经验或惯例总结出来的约定俗成的认知。即使不通过专门学习，考生也应该知道。

（9）设例法。

如果考生对所有的选项都不能确定对错的话，可以按照每个选项隐含的意思提示假设一个例子，然后对所有的例子进行比较和区别，最后确定正确答案。

（10）计算法。

计算法是利用相关的公式、制度等计算出正确答案。

（11）诠释法。

诠释法是从一个侧面，就事物的某一个特点作出解释。

（12）综合交叉法。

综合交叉法即考生可以同时利用两种或两种以上的方法，集中考虑正确答案和错误答案的关键所在。考生可先用排除法将错误项排除，然后在剩余选项中进行再次选择，以此类推。最后一步即使采用最笨的猜测法，"中标"的几率也达到50%。

2. 案例分析题

案例分析题旨在测试考生对办公管理的工作流程、办公管理工作任务的了解程度、岗位技能的熟知程度以及反映考生的秘书综合素质等。

近年来，案例分析题往往以情景录像形式出现。考试情况表明，这种题型往往让习惯于应试教育考核而没有参加过培训的考生望而生畏，不知所措。录像刚开始播放，不少考生会手忙脚乱，不知该如何应对，以至于录像播放结束时什么都没有记下来。其实，案例分析题是秘书职业资格考试中最容易得分的题型，只要了解其中的规律，正确作答并不难。

（1）就其命题的方法来看，这种题型一般是把"死"的知识技能点变成"活"的技能操作点，只要考生认真地复习过，正确作答几乎没什么问题。

（2）教材中无论是理论知识还是技能操作，都具有知识点多而繁杂的特点，但根据现实条件能够变成活的图像演示出来的知识技能，则相对来说比较少。换句话说，就是能够"用人演出来"的才是容易成为考题的。

（3）出现在画面上的"秘书"、"环境"、"动作"、"声音"等的所有特写镜头都是考核点。特写镜头又往往与公文的格式、内容正误识别以及工作的程序要素交叉在一起，考核考生的秘书基本功水平。

（4）就一个"题点"往往从不同角度生发出一串考核点，这里的考核点即是得分点，如画面上秘书一出现，就可以从办公环境、着装佩饰、姿态礼仪、待人接物的形式等方面找考点。再如，办公设备摆放位置是否规范；应接电话时间、动作、沟通用语、电话记录、记录内容是否规范完整；信息保密观念与措施等；其他配合性要素也不可忽视，如办公环境是否有绿色植物、桌面是否整洁、物品是否摆放有序；档案资料摆放归档是否符合要求；电脑显示器朝向是否科学；档案资料保密与否；办公设备使用操作过程是否规范；各项工作流程是否完整到位等，以此类推。

总之，这类题型的规律就是"因点设题"、"据题找分"。因此，考生可以相信，考试的时候，首先要做的工作就是"据题找分"，只要找准题点，那就非"正确"即"错误"，正、误点表述正确就可得分。如秘书工作中着装是很讲究的，穿职业装就是正确的，穿牛仔或T恤就是错误的。当然，随着秘书技能级别的升高，找准题点会越来越难。这要求考生务必吃透各级秘书技能内涵、考核目标及其各级别的技能差异。

3. 工作实务题

（1）情景题。

情景题就是设置相应的情景、环境或条件，并从中提出问题，要求考生解决。

这种考题的答题步骤一般如下：一是仔细审题，弄清设置的情景或所给的条件；二是寻找解决问题的切入点，但要注意，解决方式可能不是一种；三是运用理论知识和操作技能来解决问题；四是用有条理的、清晰的文字表述回答；五是检查修改。

（2）修改、拟写题。

这种题目有两种情况。一是改正文中不合理、不规范的标题、内容与格式等。往往把有缺点或毛病的文书列出来，让考生进行修改，有文种错的，有标题错的，有内容错的，有语言错的，有格式错的，总之，什么地方错就改什么地方。二是根据所给的材料和要求拟写文书。

要做好这种题目，就要求考生复习时弄清各种文书的特征、使用范围、内容与格式要求、行文规则和语言规范等。

（3）问答题。

这种题目是根据某种情况的需要提出问题，要求作出回答。

考生回答时，若是简答题，原则上按教材上的表述为依据，但个别词语允许用自己的语言回答；若是详答题，回答时要点不能遗漏，语言表述可以发挥主观能动性。

（三）掌握应试策略

秘书职业资格鉴定考试考核题型多、题量大、覆盖面广，那么，考生怎样才能顺利地通过考试呢？首先考生要以认真而又平常的心态去对待考试，不要精神紧张。复习所针对的是考试，而不光是学习知识。这种心理态度的区分，对于把握复习的效果是非常重要的，因为考试本身只不过是一件平常的事情而已，考生已"身经百战"，用不着恐慌。应试更多的需要是技巧。题型不同，意味着对考生掌握基本知识要求的程度和角度不同，考生针对不同的题型，有意识地训练答题的技巧，往往也会起到意想不到的作用，主要应注意以下四个问题。

1. 合理分配答题时间

由于考题多，分值分布不同，所以答题时考生一定要计算分配好时间，不要顾此失彼。有些题目回答简单，占的分值少；有些题目较复杂，要耗费大量的时间。如果在一些分值少的题目上花费过多的时间，即使考生答对了，也可能得不偿失。只有保持稳定的答题速度，考生才有足够的时间去考虑相对较难的问题。

2. 先易后难

题目有易有难，在一般情况下，考生应当先完成易答的题目，然后再做难做的题目。如果一开始就把难题咬住不放，左思右想，花去了大量的时间，那么，后面的题目很可能较容易却没时间回答。

3. 把握重点，多分先做

题目虽多，但分值不同。在一般情况下，考生是从头到尾去完成，遇到难做的问题留下来，最后才去完成。那么，当留下的时间不多而又有若干题还没做时考生应该怎么办？那就要把握重点，给分多的先做。

4. 运用多种答题技巧

在考试过程中，考生要灵活运用上面介绍的多种答题技巧。

第三节　秘书职业生涯规划

 案例讨论

最近一段，华荣公司行政办公室秘书尹晓雯有点儿困惑：自己在华荣公司工作3年了，一直是做行政办公室的秘书，从事的全是辅助性的工作，难道自己一辈子就要这样吗？她感到很困惑，也很迷茫……

试分析：(1) 尹晓雯为什么有这样的困惑？(2) 她该如何消除这样的困惑？

一、秘书职业生涯规划的含义

秘书职业生涯规划是指秘书结合自身情况以及眼前的机遇和制约因素，为自己确立职业目标，选择职业道路，确定发展计划、教育计划等，并为自己实现职业生涯目标而制定的行动方向、行动时间和行动方案。

秘书在进行职业生涯规划时，首先要了解"职业锚"的概念。职业锚是由美国埃德加·施恩教授提出的，是指当一个人不得不作出选择的时候，他或她无论如何都不会放弃的职业中的那种至关重要的东西或价值观，实际上是人们选择和发展自己的职业时所围绕的中心。所以，秘书制定自己的职业生涯规划时，在寻找工作或准备跳槽时，一定要了解自己的职业锚是什么。

二、秘书职业生涯规划的作用

秘书职业生涯规划对秘书职业发展有着重要的作用，可以归纳为以下九点：

(1) 以既有的成就为基础，确立人生的方向，提供奋斗的策略；
(2) 突破并塑造全新充实的自我；
(3) 准确评价个人特点和强项；
(4) 评估个人目标和现状的差距；
(5) 准确定位职业方向；

(6) 重新认识自身的价值并使其增值；
(7) 发现新的职业机遇；
(8) 增强职业竞争力；
(9) 将个人、事业与家庭联系起来。

三、秘书职业生涯规划的步骤

秘书职业生涯规划在设计过程中因人、因时、因环境不同而不同，在实施中也在不断进行修正和调整。但秘书职业生涯规划设计和实施中也存在着共性，一般要经历以下四个阶段，即自我评估与环境分析、选择职业生涯目标和职业生涯路线、制订行动计划与措施、评估与回馈。

（一）自我评估与环境分析

秘书自我评估的目的，是认识自己、了解自己。秘书自我分析包括自己的兴趣、特长、性格、学识、技能、智商、情商、思维方式、思维方法、道德水准以及社会中的自我等的分析。

环境分析也是对职业生涯机会的评估，主要是评估各种环境因素对自己职业生涯发展的影响。环境因素评估主要包括：（1）组织环境；（2）政治环境；（3）社会环境；（4）经济环境。

秘书通过自我评价与环境分析，可以找出自己在职业生涯中存在的问题是什么，对工作是否满意，工作环境如何，别人评价如何，发展潜力有多大，离自己的人生各阶段目标有多远。

（二）选择职业生涯目标和职业生涯路线

职业生涯目标的设定，是职业生涯规划的核心。一个人事业的成败，很大程度上取决于有无正确的、适当的目标。其抉择是以自己的最佳才能、性格、最大兴趣、最有利的环境等信息为依据。

在确定职业目标后，向哪一路线发展，秘书此时要作出选择。通常职业生涯路线的选择须考虑以下三个问题：（1）我想往哪一路线发展；（2）我能往哪一路线发展；（3）我可以往哪一路线发展？如果组织内部仍有发展空间，也可实现自己的近期目标，应考虑内部发展。秘书职业的发展基本上有三个方向：（1）纵向发展，即职务等级由低级到高级的提升，如从人力资源部文秘晋升为主管；（2）横向发展，是指在同一层次不同职务之间的调动，如从人力资源部文秘调至企划部文秘；（3）向核心方向发展，虽然职务没有晋升，但是却担负了更多的责任，有了更多的机会参加组织的各种决策活动，如从人力资源部文秘调至总裁办文秘。以上这几种发展都意味着个人发展的机会。

秘书在正确、客观评价自己和组织的前提下，如果发现组织内部没发展空间，目前的环境束缚了自己的发展，不利于自身目标的实现，可以考虑立即离开该组织，另谋职位。这里可以利用一些工具进行测试，如职业满意问卷等。

（三）制订行动计划与措施

这里所指的"行动"是指落实目标的具体措施，主要包括工作、训练、教育和轮岗等方面的措施。

秘书不论选择了什么目标和职业生涯路线，都必须制订计划和措施，以实现自己的职业目标，如在工作方面采取什么措施提高工作效率；在业务素质方面，计划学习哪些知识，掌握哪些技能，提高哪些业务能力；在潜能开发方面采取什么措施开发等。这些都要有具体的计划与明确的措施，并且这些计划要特别具体，以便定时检查。

（四）评估与回馈

俗话说"计划赶不上变化。"要使职业生涯规划行之有效，秘书就须不断地对自己的职业生涯规划进行评估与修订。其修订的内容包括：职业的重新选择；职业生涯路线的选择；人生目标的修正；实施措施与计划的变更等。所以，职业生涯规划也不是一成不变的，也必须在一定时期内回过头来进行评估与修订。

总的来说，秘书职业生涯规划因人而异，关键是有职业目标，制订周密的实施计划，再不断地进行评估和修订。整个过程要有具体的实施方案，秘书也可以通过表7-1对自己的职业生涯进行规划。

表7-1 秘书职业生涯规划方案

分析基准	1. 我的人生价值是什么 2. 环境是否有利于我的成长 3. 成长的最大障碍在哪里 4. 我现有的技能和条件有哪些
目标与标准	1. 我处于秘书职业生涯哪一阶段，这一阶段的特点是什么 2. 可行的职业生涯方向是什么，为什么这个目标对我而言是最可能的目标 3. 如何判断自己的成功
生涯策略	1. 职业生涯发展内部路线与外部路线是什么 2. 如何进行相应的角色转换 3. 如何进行相应的能力转换 4. 对我而言还有什么不能解决的问题
生涯行动计划	1. 执行计划是否做到从长期计划—年度计划—月计划—周计划—日计划的分解 2. 我将分别在何时进行上述每一行动计划 3. 有哪些人将会或应当加入此行动计划
生涯考核	1. 我什么做得好，什么做得不好 2. 我还需要什么，是需要学习、需要扩大权力、需要增加经验 3. 怎样应用我的培训成果，我拥有什么资源 4. 我现在应该停止做什么，开始干什么，培训和准备的时间如何安排
生涯修正	1. 职业的重新选择 2. 职业生涯路线的重新选择 3. 人生目标的修正 4. 实施措施与计划的变更等

四、秘书职业生涯的评价

秘书在选择职业或者对职业生涯进行再评价时，要客观地对自己的性格取向与职业生涯的正确或成功进行分析，这样才能够正确地做进一步的决策。

决定个人选择何种职业有六种基本的"人格性向"（实际上每个人不是只包含有一种职业性向，而是可能几种职业性向的混合），这种性向越相似，则一个人在选择职业时面临的内在冲突和犹豫就越少（如表7-2、表7-3所示）。

表7-2 职业生涯性向的全面评价

实际性向	具有这种性向的人会被吸引从事那些包含着体力活动并且需要一定技巧、力量和协调的职业，如森林工人、运动员
调研性向	具有这种性向的人会被吸引从事那些包含着较多认知活动的职业，而不是主要以感知活动为主的职业，如生物学家和大学教授
社会性向	具有这种性向的人会被吸引从事那些包含着大量人际交往活动的职业，而不是那些有大量智力活动或体力活动的职业，如心理医生和外交人员
常规性向	具有这种性向的人会被吸引从事那些包含着大量结构性和规则性的职业，如会计和银行职员
企业性向	具有这种性向的人会被吸引从事那些包含着大量以影响他人为目的的语言活动的职业，如管理人员、律师
艺术性向	具有这种性向的人会被吸引从事那些包含着大量自我表现、艺术创造、情感表达和个性化的职业，如艺术家、广告创意人员

表7-3 职业生涯成功的主要评价指标

评价方式	评价者	评价内容	评价标准
自我评价	本人	1. 自己的才能是否充分施展 2. 对自己在组织发展、社会进步中所作的贡献是否满意 3. 对自己的职称、职务、工资待遇等方面的变化是否满意 4. 对处理职业生涯发展与其他人生活动的关系的结果是否满意	根据个人的价值观念及个人的知识、水平、能力
家庭评价	父母、配偶、子女等家庭成员	1. 是否能够理解和肯定 2. 是否能够给予支持和帮助	根据家庭文化
企业评价	上级、平级、下级	1. 是否有上级、平级同事的赞赏 2. 是否有上级的肯定和表彰 3. 是否有职称、职务的晋升或相同职务责权利范围的扩大 4. 是否有工资待遇的提高	根据企业文化及其总体经营结果
社会评价	社会舆论、社会组织	1. 是否有社会舆论的支持和好评 2. 是否有社会组织的承认和奖励	根据社会文明程度、社会历史进程

阅读材料

女秘书的职业生涯规划①

摘要： 因为秘书行业的特殊性，一旦超过了30岁易面临诸多危机，尤其是女性朋友。那么及时确立未来的发展方向就变得势在必行。职业规划师指出，众多前来的咨询的"30岁女秘书"面临困惑的根本原因是，对于未来的职业发展她们没有提早做好准备。

随着社会经济的发展，企业对于秘书人才的要求也在不断地提高。他们的工作早已从文件信息传递延伸到信息的收集、汇总与提炼，从日常的外联活动扩展到内部的沟通协调等各个方面。这就需要秘书掌握多方面的知识与才能来支持。由于岗位特点，女性秘书一直占着相当的比例。向阳生涯职业咨询机构接待的数百位职场女性朋友中，从事秘书职位的竟达到了41%。而在这些女秘书中67%超30岁"高龄"。

出镜人物：Cynthia 女，31岁，某外企中方总经理秘书

Cynthia毕业于北方的一所知名大学的英语专业。毕业后在上海一直从事秘书工作。虽然所在公司待遇算不错，但始终有一种紧迫感。她不想一辈子都当秘书，可五六年过去了仍找不到任何晋升机会。眼看曾经的同学升职的升职，结婚的结婚，至今依然单身的她心急如焚。她想过转换行，可发现自己除了行政事务方面也没其他的一技之长了。眼看已到了而立之年，Cynthia不知道自己还有多少青春可以等，没有职业方向的她走进了向阳生涯职业咨询机构的咨询室，希望得到CCDM职业规划师的帮助。

Cynthia的案例很有代表性，反映了"30岁女秘书"的内心困惑。她们大都希望自己能够有一个发展更加广阔的平台。但若不能结合自身的特点清晰定位，未来的职业发展的确令人担忧。CCDM职业规划师总结出，她们的困惑揭示了秘书职业的三大特性。

一、潜在的年龄界限

虽然也有人将秘书这个职业从事了一生，但相对大多数人而言，秘书还是有年轻化的特性。放眼当今企业的秘书岗位，80%都是被年轻女性占据。这与秘书所需要的细心、周到的特点不无关系。而年轻人之所以选择这个职业，一是入行易，二也是希望以此为平台，为将来的发展做准备。秘书一旦超过五年而在未来又看不到任何提升机会，必然会产生迷茫与困惑。如同案例中的Cynthia，年龄于她而言是一种警报。

二、缺乏专业技能

虽然现代社会对秘书的要求在不断地提高，但是秘书掌握的毕竟是处理日常事务及人员沟通等通用技能，无须任何专业知识背景。一旦想要转行，难度很大。这也是Cynthia所遇到的困扰之一。在大学时读的英语专业，但是她发现公司中很多年轻的新员工英语都很出色，而且除此以外，他们还有其他的专业背景，这让Cynthia很是羡慕。反观Cynthia本身，因为她的专业已经不再是她的优势，并且在日常工作中也无法积累其

---

① 资料来源：选自山东有才网。

他领域的经验，倒显示出她优势与能力退化的趋势，这也是众多"30岁女秘书"的共同困境。

三、易被新人代替

Cynthia："青出于蓝而胜于蓝呀！公司里的年轻人真得很厉害，再加上我的岗位容易切入，让我很有压力。"Cynthia的话反映了秘书共同的心声。如果在从事秘书的过程中，不注重知识培养及专业提高，只会让自己的能力在社会的竞争中失去优势，并且造成自己的学历退化。职场如逆水行舟，不进则退！当"30岁女秘书"失去了年龄以及能力的优势后，烦恼便会接踵而来。竞争激烈、新人辈出这是一种社会的必然，而社会环境是无法转变的，对于每一位职场人士而言，尽量地提高自身的能力是唯一的解决方法。

正如羊皮卷中所写："一切问题、沮丧、悲伤，都是乔装打扮的机遇之神。"职业规划师指出："机遇"的观点用在职业生涯规划的领域中也是一样，每一次的困惑与苦恼其实都预示着职业生涯新的开始，只是看你要如何把握。

"30岁女秘书"事业走向成功的三大步骤如下。

第一步：提前确立未来发展方向。

因为秘书行业的特殊性，一旦超过了30岁易面临诸多危机，尤其是女性朋友。那么及时确立未来的发展方向就变得势在必行。职业规划师指出，众多前来咨询的"30岁女秘书"面临困惑的根本原因是，对于未来的职业发展她们没有提早做好准备。职业方向是职业生涯规划与发展的基础，可以指导个人快速实现自己的职业目标，少走弯路。

第二步：及时充电为将来奠定基础。

秘书的入职门槛较低，换言之，秘书大都不具有明显的核心竞争力。这一点是造成从业多年的秘书学历退化的根本原因。培根说过知识就是力量，运用在职场上我们可以理解为"知识就是通往职业生涯发展的大道"。想要走出这种困境，身为秘书必须及时充电，不断地培训自身，用更专业的知识武装头脑，紧跟时代的步伐。

第三步：工作中注重人脉的积累。

虽然秘书的工作并不是一个发展空间巨大的职位，但是这项工作之中潜藏着一个优势：与人打交道的机会。企业中只有经理及以上的人员才可以配备秘书，与他们工作往来的人大多身居要职。所以，作为领导的发言人，秘书就拥有了和这些人员交流的绝佳机会。留意这些人际资源就是把握了秘书一职的优势资源。他们或许就成为你明日的合作伙伴。

怎样把握这些人脉资源？如何利用好这些资源是困惑大多数秘书的问题之一。

首先，在工作中要有平等的观念，更要注重对弱势者的体恤，是一种遵循世道人心法则的智行善举，它往往会在人群中产生向心效应，提升自己的影响力，其"人脉资源"就会有效地被你开掘利用，使你成为人们的尊敬者、崇尚者。

其次，以"助人而人助"指导自身的行为。中华民族自古至今一直延绵传承着感恩相报的传统交际心理和情结，"滴水之恩当涌泉相报"被世人奉为道德行为准则。所以，以这种传统的交际理念去开掘利用"人脉资源"，仍然有着强大的惯性作用，同样会使你的人生出彩。

最后，将平日收集到的名片和联系方式认真整理、仔细划分，这样在关键的时刻才可以将这些人脉充分地利用起来。最重要的是，在与他们进行交谈的过程中，你很有可能得到有价值的信息，成为你职业发展的机遇。

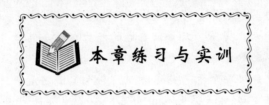

一、思考与讨论

1. 面对市场激烈的人才竞争，作为文秘专业的学生，请思考你应该如何应对人才竞争？
2. 在秘书职业规划中，你认为应该注意哪些方面能力和素质的培养？

二、实训

1. 假如你是即将毕业的文秘专业学生，根据所学知识，为自己编制一份职业发展规划书。
2. 晓雯是某职业技术学院商务秘书专业的学生，她即将面临就业，请你代晓雯制作一份求职应聘材料。

要求：材料包括求职信、个人简历和其他证明材料复印件等。

附录一

国内主要秘书类教育研究机构、杂志简介

一、国内部分文秘教育、研究机构名称及网址

1. 教育部高职高专文秘类专业教学指导委员会
   中国文秘教育网　http://www.chinawmw.net/
2. 全国商务秘书专业委员会（全国商务秘书考试中心）
   http://www.swms.net.cn/
3. 中国高等教育学会秘书学专业委员会
   http://www.mishuxuehui.com/
4. 秘书职业技能鉴定专家委员会
   秘书职业资格认证培训网　http://mishu.chinact.org.cn/
5. 浙江省秘书学会
   http://www.msxh.cn/
6. 上海市秘书学会
   http://www.shmishu.org/
7. 中国秘书科学联盟
   http://www.gjmslm.com/
9. 北京高等秘书研修学院
   http://www.bssc.cn/
10. 文秘教育 QQ 群

二、国内部分秘书类杂志简介

（一）公开出版的刊物

1. 《秘书》杂志
   由上海大学主办。通讯地址：上海市上大路 99 号（上海大学 128 信箱），邮编：200071。

2. 《秘书工作》杂志
   由中共中央办公厅主办。通讯地址：北京市 1705 信箱，邮编：100017。

3.《办公室业务》杂志

由国家档案局主管,中国档案出版社主办。通讯地址:北京市西城区丰盛胡同21号,邮编:100032。

4.《秘书之友》杂志

由兰州大学主办。通讯地址:甘肃省兰州市兰州大学医学校区行政楼421,邮编:730000。

(二) 内部刊物

1.《当代秘书论坛》杂志(原名《当代秘书》)

由湖南省委办公厅和省秘书学会主办。通讯地址:湖南省长沙市韶山路一号(省委大院内),邮编:410011。

2.《秘书战线》杂志

由河北省石家庄市委办公厅、市秘书协会主办。通讯地址:河北省石家庄市青园街56号,邮编:050011。

3.《办公室工作》杂志

由重庆市委办公厅、市政府办公厅主办,市秘书学会承办。通讯地址:重庆市渝中区中山四路36号,邮编:400015。

4.《秘书理论与实践》杂志

由河南省现代秘书科学研究院主办。通讯地址:河南省委统战部6楼(河南省现代秘书科学研究院)邮编:450003

5.《北京秘书工作通讯》杂志

由北京市秘书学会主办。通讯地址:北京市台基厂大街3号,邮编:100473。

附录二

党政机关公文格式

1 范围

本标准规定了党政机关公文通用的纸张要求、排版和印制装订要求、公文格式各要素的编排规则，并给出了公文的式样。

本标准适用于各级党政机关制发的公文。其他机关和单位的公文可以参照执行。

使用少数民族文字印制的公文，其用纸、幅面尺寸及版面、印制等要求按照本标准执行，其余可以参照本标准并按照有关规定执行。

2 规范性引用文件

下列文件对于本标准的应用是必不可少的。凡是注日期的引用文件，仅所注日期的版本适用于本标准。凡是不注日期的引用文件，其最新版本（包括所有的修改单）适用于本标准。

GB/T 148　　　　　印刷、书写和绘图纸幅面尺寸
GB 3100　　　　　国际单位制及其应用
GB 3101　　　　　有关量、单位和符号的一般原则
GB 3102　　　　　（所有部分）量和单位
GB/T 15834　　　　标点符号用法
GB/T 15835　　　　出版物上数字用法

3 术语和定义

下列术语和定义适用于本标准。

3.1
字　word

标示公文中横向距离的长度单位。在本标准中，一字指一个汉字宽度的距离。

3.2
行　line

标示公文中纵向距离的长度单位。在本标准中，一行指一个汉字的高度加 3 号汉字高度的 7/8 的距离。

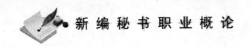

4 公文用纸主要技术指标

公文用纸一般使用纸张定量为 60 g/m² ~ 80 g/m² 的胶版印刷纸或复印纸。纸张白度 80%~90%，横向耐折度≥15 次，不透明度≥85%，pH 值为 7.5~9.5。

5 公文用纸幅面尺寸及版面要求

5.1 幅面尺寸

公文用纸采用 GB/T 148 中规定的 A4 型纸，其成品幅面尺寸为：210 mm×297 mm。

5.2 版面

5.2.1 页边与版心尺寸

公文用纸天头（上白边）为 37 mm±1 mm，公文用纸订口（左白边）为 28 mm±1 mm，版心尺寸为 156 mm×225 mm。

5.2.2 字体和字号

如无特殊说明，公文格式各要素一般用 3 号仿宋体字。特定情况可以作适当调整。

5.2.3 行数和字数

一般每面排 22 行，每行排 28 个字，并撑满版心。特定情况可以作适当调整。

5.2.4 文字的颜色

如无特殊说明，公文中文字的颜色均为黑色。

6 印制装订要求

6.1 制版要求

版面干净无底灰，字迹清楚无断划，尺寸标准，版心不斜，误差不超过 1 mm。

6.2 印刷要求

双面印刷；页码套正，两面误差不超过 2 mm。黑色油墨应当达到色谱所标 BL100%，红色油墨应当达到色谱所标 Y80%、M80%。印品着墨实、均匀；字面不花、不白、无断划。

6.3 装订要求

公文应当左侧装订，不掉页，两页页码之间误差不超过 4 mm，裁切后的成品尺寸允许误差±2 mm，四角成 90º，无毛茬或缺损。

骑马订或平订的公文应当：

a) 订位为两钉外订眼距版面上下边缘各 70 mm 处，允许误差 ±4 mm；
b) 无坏钉、漏钉、重钉，钉脚平伏牢固；
c) 骑马订钉锯均订在折缝线上，平订钉锯与书脊间的距离为 3 mm～5 mm。

包本装订公文的封皮（封面、书脊、封底）与书芯应吻合、包紧、包平、不脱落。

7 公文格式各要素编排规则

7.1 公文格式各要素的划分

本标准将版心内的公文格式各要素划分为版头、主体、版记三部分。公文首页红色分隔线以上的部分称为版头；公文首页红色分隔线（不含）以下、公文末页首条分隔线（不含）以上的部分称为主体；公文末页首条分隔线以下、末条分隔线以上的部分称为版记。

页码位于版心外。

7.2 版头

7.2.1 份号

如需标注份号，一般用 6 位 3 号阿拉伯数字，顶格编排在版心左上角第一行。

7.2.2 密级和保密期限

如需标注密级和保密期限，一般用 3 号黑体字，顶格编排在版心左上角第二行；保密期限中的数字用阿拉伯数字标注。

7.2.3 紧急程度

如需标注紧急程度，一般用 3 号黑体字，顶格编排在版心左上角；如需同时标注份号、密级和保密期限、紧急程度，按照份号、密级和保密期限、紧急程度的顺序自上而下分行排列。

7.2.4 发文机关标志

由发文机关全称或者规范化简称加"文件"二字组成，也可以使用发文机关全称或者规范化简称。

发文机关标志居中排布，上边缘至版心上边缘为 35 mm，推荐使用小标宋体字，颜色为红色，以醒目、美观、庄重为原则。

联合行文时，如需同时标注联署发文机关名称，一般应当将主办机关名称排列在前；如有"文件"二字，应当置于发文机关名称右侧，以联署发文机关名称为准上下居中排布。

7.2.5 发文字号

编排在发文机关标志下空二行位置，居中排布。年份、发文顺序号用阿拉伯数字标注；年份应标全称，用六角括号"〔〕"括入；发文顺序号不加"第"字，不编虚位（即 1 不编为 01），在阿拉伯数字后加"号"字。

上行文的发文字号居左空一字编排，与最后一个签发人姓名处在同一行。

7.2.6 签发人

由"签发人"三字加全角冒号和签发人姓名组成,居右空一字,编排在发文机关标志下空二行位置。"签发人"三字用 3 号仿宋体字,签发人姓名用 3 号楷体字。

如有多个签发人,签发人姓名按照发文机关的排列顺序从左到右、自上而下依次均匀编排,一般每行排两个姓名,回行时与上一行第一个签发人姓名对齐。

7.2.7 版头中的分隔线

发文字号之下 4 mm 处居中印一条与版心等宽的红色分隔线。

7.3 主体

7.3.1 标题

一般用 2 号小标宋体字,编排于红色分隔线下空二行位置,分一行或多行居中排布;回行时,要做到词意完整,排列对称,长短适宜,间距恰当,标题排列应当使用梯形或菱形。

7.3.2 主送机关

编排于标题下空一行位置,居左顶格,回行时仍顶格,最后一个机关名称后标全角冒号。如主送机关名称过多导致公文首页不能显示正文时,应当将主送机关名称移至版记,标注方法见 7.4.2。

7.3.3 正文

公文首页必须显示正文。一般用 3 号仿宋体字,编排于主送机关名称下一行,每个自然段左空二字,回行顶格。文中结构层次序数依次可以用"一、""(一)""1.""(1)"标注;一般第一层用黑体字、第二层用楷体字、第三层和第四层用仿宋体字标注。

7.3.4 附件说明

如有附件,在正文下空一行左空二字编排"附件"二字,后标全角冒号和附件名称。如有多个附件,使用阿拉伯数字标注附件顺序号(如"附件:1.×××××");附件名称后不加标点符号。附件名称较长需回行时,应当与上一行附件名称的首字对齐。

7.3.5 发文机关署名、成文日期和印章

7.3.5.1 加盖印章的公文

成文日期一般右空四字编排,印章用红色,不得出现空白印章。

单一机关行文时,一般在成文日期之上、以成文日期为准居中编排发文机关署名,印章端正、居中下压发文机关署名和成文日期,使发文机关署名和成文日期居印章中心偏下位置,印章顶端应当上距正文(或附件说明)一行之内。

联合行文时,一般将各发文机关署名按照发文机关顺序整齐排列在相应位置,并将印章一一对应、端正、居中下压发文机关署名,最后一个印章端正、居中下压发文机关署名和成文日期,印章之间排列整齐、互不相交或相切,每排印章两端不得超出版心,首排印章顶端应当上距正文(或附件说明)一行之内。

7.3.5.2 不加盖印章的公文

单一机关行文时,在正文(或附件说明)下空一行右空二字编排发文机关署名,在发文机关署名下一行编排成文日期,首字比发文机关署名首字右移二字,如成文日期长于发

文机关署名，应当使成文日期右空二字编排，并相应增加发文机关署名右空字数。

联合行文时，应当先编排主办机关署名，其余发文机关署名依次向下编排。

7.3.5.3 加盖签发人签名章的公文

单一机关制发的公文加盖签发人签名章时，在正文（或附件说明）下空二行右空四字加盖签发人签名章，签名章左空二字标注签发人职务，以签名章为准上下居中排布。在签发人签名章下空一行右空四字编排成文日期。

联合行文时，应当先编排主办机关签发人职务、签名章，其余机关签发人职务、签名章依次向下编排，与主办机关签发人职务、签名章上下对齐；每行只编排一个机关的签发人职务、签名章；签发人职务应当标注全称。

签名章一般用红色。

7.3.5.4 成文日期中的数字

用阿拉伯数字将年、月、日标全，年份应标全称，月、日不编虚位（即 1 不编为 01）。

7.3.5.5 特殊情况说明

当公文排版后所剩空白处不能容下印章或签发人签名章、成文日期时，可以采取调整行距、字距的措施解决。

7.3.6 附注

如有附注，居左空二字加圆括号编排在成文日期下一行。

7.3.7 附件

附件应当另面编排，并在版记之前，与公文正文一起装订。"附件"二字及附件顺序号用 3 号黑体字顶格编排在版心左上角第一行。附件标题居中编排在版心第三行。附件顺序号和附件标题应当与附件说明的表述一致。附件格式要求同正文。

如附件与正文不能一起装订，应当在附件左上角第一行顶格编排公文的发文字号并在其后标注"附件"二字及附件顺序号。

7.4 版记

7.4.1 版记中的分隔线

版记中的分隔线与版心等宽，首条分隔线和末条分隔线用粗线（推荐高度为 0.35 mm），中间的分隔线用细线（推荐高度为 0.25 mm）。首条分隔线位于版记中第一个要素之上，末条分隔线与公文最后一面的版心下边缘重合。

7.4.2 抄送机关

如有抄送机关，一般用 4 号仿宋体字，在印发机关和印发日期之上一行、左右各空一字编排。"抄送"二字后加全角冒号和抄送机关名称，回行时与冒号后的首字对齐，最后一个抄送机关名称后标句号。

如需把主送机关移至版记，除将"抄送"二字改为"主送"外，编排方法同抄送机关。既有主送机关又有抄送机关时，应当将主送机关置于抄送机关之上一行，之间不加分隔线。

7.4.3 印发机关和印发日期

印发机关和印发日期一般用 4 号仿宋体字，编排在末条分隔线之上，印发机关左空一字,印发日期右空一字,用阿拉伯数字将年、月、日标全,年份应标全称,月、日不编虚位(即1不编为01),后加"印发"二字。

版记中如有其他要素,应当将其与印发机关和印发日期用一条细分隔线隔开。

7.5 页码

一般用4号半角宋体阿拉伯数字,编排在公文版心下边缘之下,数字左右各放一条一字线;一字线上距版心下边缘7 mm。单页码居右空一字,双页码居左空一字。公文的版记页前有空白页的,空白页和版记页均不编排页码。公文的附件与正文一起装订时,页码应当连续编排。

8 公文中的横排表格

A4纸型的表格横排时,页码位置与公文其他页码保持一致,单页码表头在订口一边,双页码表头在切口一边。

9 公文中计量单位、标点符号和数字的用法

公文中计量单位的用法应当符合GB 3100、GB 3101和GB 3102(所有部分),标点符号的用法应当符合GB/T 15834,数字用法应当符合GB/T 15835。

10 公文的特定格式

10.1 信函格式

发文机关标志使用发文机关全称或者规范化简称,居中排布,上边缘至上页边为30 mm,推荐使用红色小标宋体字。联合行文时,使用主办机关标志。

发文机关标志下4 mm处印一条红色双线(上粗下细),距下页边20 mm处印一条红色双线(上细下粗),线长均为170 mm,居中排布。

如需标注份号、密级和保密期限、紧急程度,应当顶格居版心左边缘编排在第一条红色双线下,按照份号、密级和保密期限、紧急程度的顺序自上而下分行排列,第一个要素与该线的距离为3号汉字高度的7/8。

发文字号顶格居版心右边缘编排在第一条红色双线下,与该线的距离为3号汉字高度的7/8。

标题居中编排,与其上最后一个要素相距二行。

第二条红色双线上一行如有文字,与该线的距离为3号汉字高度的7/8。

首页不显示页码。

版记不加印发机关和印发日期、分隔线,位于公文最后一面版心内最下方。

10.2 命令(令)格式

发文机关标志由发文机关全称加"命令"或"令"字组成,居中排布,上边缘至版

心上边缘为 20 mm，推荐使用红色小标宋体字。

发文机关标志下空二行居中编排令号，令号下空二行编排正文。

签发人职务、签名章和成文日期的编排见 7.3.5.3。

10.3　纪要格式

纪要标志由"××××*纪要"组成，居中排布，上边缘至版心上边缘为 35 mm，推荐使用红色小标宋体字。

标注出席人员名单，一般用 3 号黑体字，在正文或附件说明下空一行左空二字编排"出席"二字，后标全角冒号，冒号后用 3 号仿宋体字标注出席人单位、姓名，回行时与冒号后的首字对齐。

标注请假和列席人员名单，除依次另起一行并将"出席"二字改为"请假"或"列席"外，编排方法同出席人员名单。

纪要格式可以根据实际制定。

11　式样

A4 型公文用纸页边及版心尺寸见 A4 型公文用纸页边及版心尺寸见图 1；公文首页版式见图 2；联合行文公文首页版式 1 见图 3；联合行文公文首页版式 2 见图 4；公文末页版式 1 见图 5；公文末页版式 2 见图 6；联合行文公文末页版式 1 见图 7；联合行文公文末页版式 2 见图 8；附件说明页版式见图 9；带附件公文末页版式见图 10；信函格式首页版式见图 11；命令（令）格式首页版式见图 12。

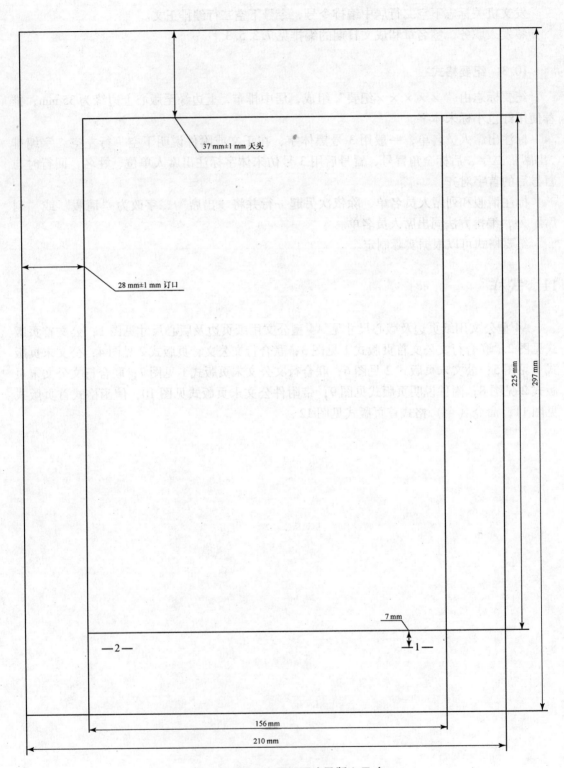

图1 A4型公文用纸页边及版心尺寸

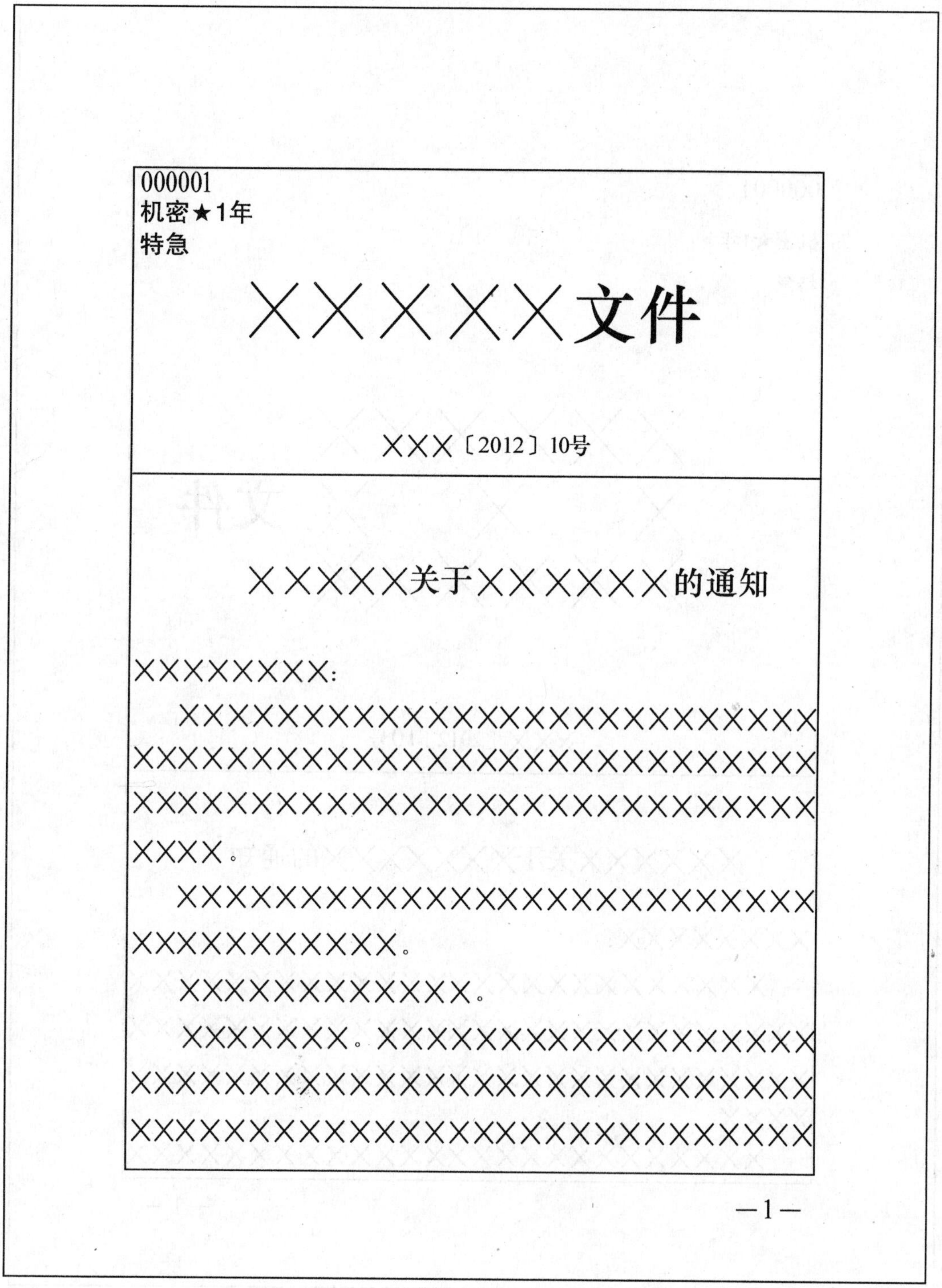

```
000001
机密★1年
特急
```

×××××文件

×××〔2012〕10号

×××××关于××××××的通知

×××××××:
　　××××××××××××××××××××××××
××××××××××××××××××××××××××
××××××××××××××××××××××××××
××××。
　　×××××××××××××××××××××××
×××××××××。
　　×××××××××××。
　　××××××。×××××××××××××××××
××××××××××××××××××××××××××
××××××××××××××××××××××××××

—1—

注：版心实线框仅为示意，在印制公文时并不印出。

图2　公文首页版式

```
000001
机密★1年
特急



            ×××××
         ×    ×    ×   文件
            ×××××


          ×××〔2012〕10号
```

××××××关于×××××××的通知

×××××××：
　×××××××××××××××××××××××
×××××××××××××××××××××××××
×××××××××××××××××××××××××
×××。
×××××××××××××××××××××××××

— 1 —

注：版心实线框仅为示意，在印制公文时并不印出。

图3　联合行文公文首页版式1

000001

机　密
特　急

×××××××
×　×　×
×××××

签发人：××× ×××
　　　　　　×××

××〔2012〕10号

××××××关于×××××××的请示

××××：
　　××××××××××××××××××××××××××××
×××××××××××××××××××××××××××××××
×××××××××××××××××××××××××××××××
××××。
×××××××××××××××××××××××××××××××

—1—

注：版心实线框仅为示意，在印制公文时并不印出。

图4　联合行文公文首页版式2

×××××××××××××××。
　　×××××××××××××××××××××
×××××××××××××××××××××
×××××××××。

2012年7月1日

(×××××)

抄送：××××××××，××××××，×××××，××
×××××。

×××××××× 　　　　　　2012年7月1日印发

—2—

注：版心实线框仅为示意，在印制公文时并不印出。

图5　公文末页版式1

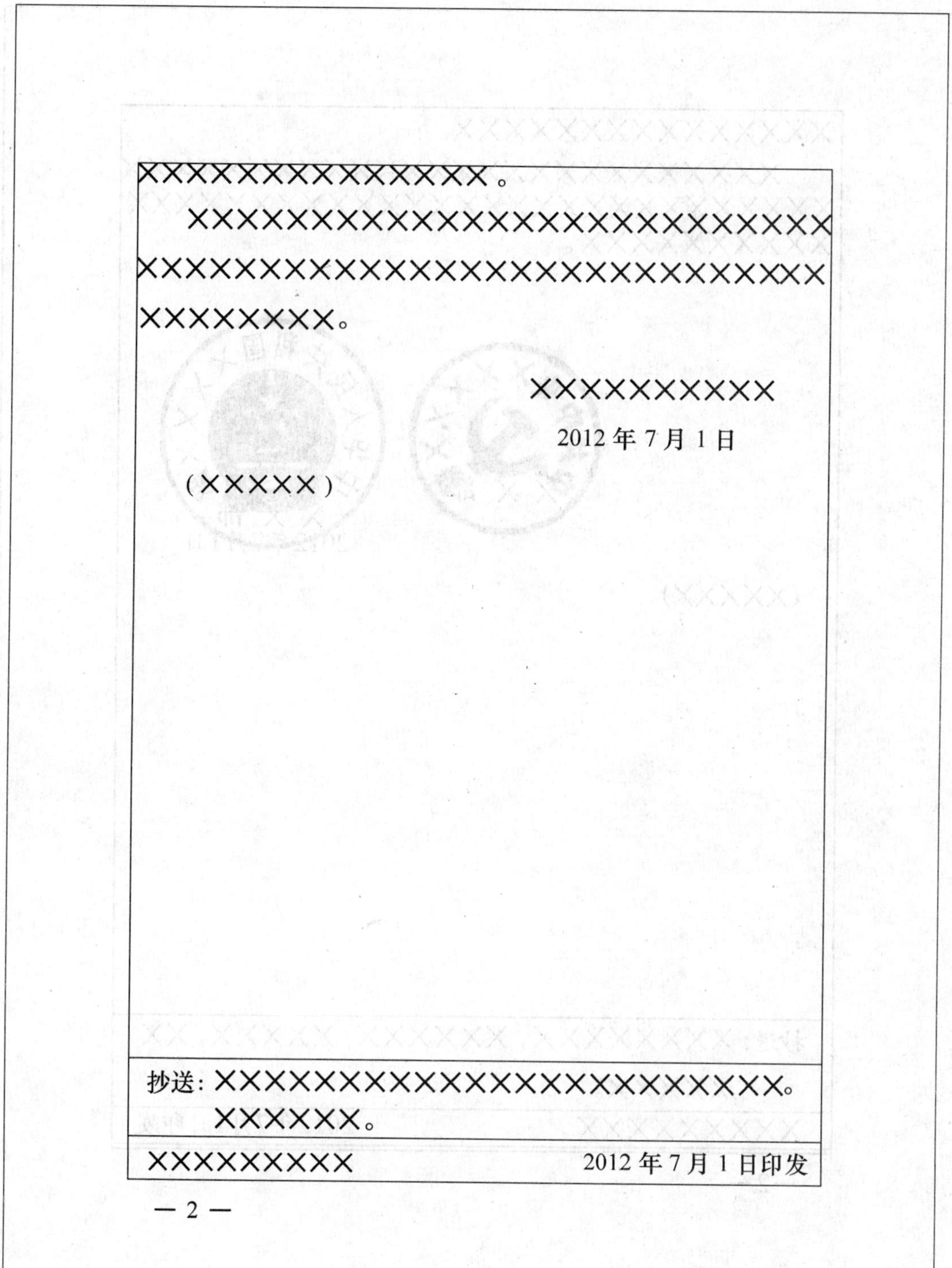

×××××××××××××××。
×××××××××××××××××××××××
×××××××××××××××××××××××
××××××××。

　　　　　　　　　　×××××××××
　　　　　　　　　　2012 年 7 月 1 日

（×××××）

抄送：××××××××××××××××××××××××。
　　　××××××。
××××××××××　　　　　　2012 年 7 月 1 日印发

— 2 —

注：版心实线框权为示意，在印制公文时并不印出。

图 6　公文末页版式 2

×××××××××××××××××。
　×××。

                            2012年7月1日

(×××××)

抄送：×××××××，××××××，×××××，××××××××。
×××××××××　　　　　2012年7月1日印发

—2—

注：版心实线框仅为示意，在印制公文时并不印出。

图7　联合行文公文末页版式1

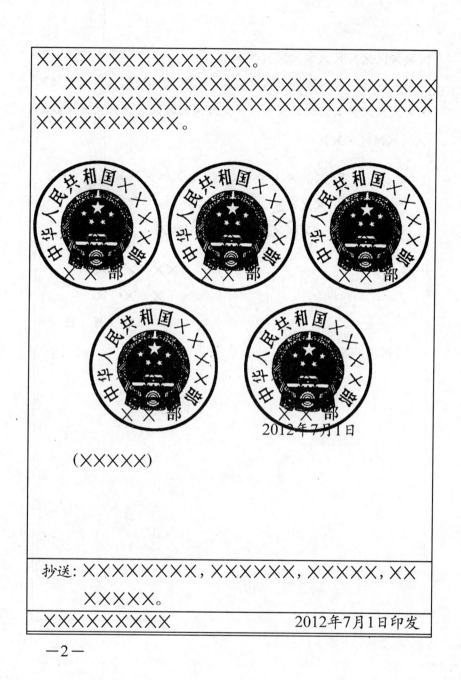

图8　联合行文公文末页版式2

××××××××××××。
　　××。

　　附件：1. ×××××××× ××××××××
　　　　　　×××××
　　　　　2. ××××××××× ×××

　　　　　　　　　　　×××××××
　　　　　　　　　　　× × × ×
　　　　　　　　　　　2012 年 7 月 1 日

（×××××）

— 2 —

注：版心实线框权为示意，在印制公文时并不印出。

图 9　附件说明页版式

附件2

×××××××××××

　　××××××××××××××××××××××××××××××××××××。
　　××。

抄送：××××××××，××××××，×××××××。×××××××。
××××××××　　　　　　　　　　2012年7月1日印发

注：版心实线框权为示意，在印制公文时并不印出。

图10　带附件公文末页版式

中华人民共和国✕✕✕✕✕部

000001　　　　　　　　　　　　　✕✕✕〔2012〕10号

机　密

特　急

　　　　✕✕✕✕✕关于✕✕✕✕✕✕✕的通知

✕✕✕✕✕✕✕✕：
　　✕✕✕✕✕✕✕✕✕✕✕✕✕✕✕✕✕✕✕✕✕
✕✕✕✕✕✕✕✕✕✕✕✕✕✕✕✕✕✕✕✕✕✕✕
✕✕✕✕✕✕✕✕✕✕✕✕✕✕✕✕✕✕✕✕✕✕✕
✕✕✕✕✕✕✕✕✕✕✕✕✕✕✕✕✕✕✕✕✕✕✕
✕✕✕✕✕✕✕✕✕✕✕✕✕✕✕✕✕✕✕✕✕✕✕
✕✕✕✕✕✕✕✕✕✕✕✕✕✕✕✕✕✕✕✕✕✕✕
✕✕✕✕✕✕✕✕✕✕✕✕✕✕✕✕✕✕✕✕✕✕✕
✕✕✕✕✕✕✕✕✕✕✕✕✕✕✕✕✕✕✕✕✕✕✕
✕✕✕✕✕✕✕✕✕✕✕✕✕✕✕✕✕✕✕✕✕✕✕
✕✕✕✕✕✕✕✕✕✕✕✕✕✕✕✕✕✕✕✕✕✕✕
✕✕✕✕✕✕✕✕✕✕✕✕✕✕✕✕✕✕✕✕✕✕。

注：版心实线框仅为示意，在印制公文时并不印出。

图11　信函格式首页版式

图12 命令（令）格式首页版式

附录三

党政机关公文处理工作条例

(中办发【2012】14号)
(2012年4月16日由中共中央办公厅和国务院办公厅联合印发)

第一章 总 则

第一条 为了适应中国共产党机关和国家行政机关（以下简称党政机关）工作需要，推进党政机关公文处理工作科学化、制度化、规范化，制定本条例。

第二条 本条例适用于各级党政机关公文处理工作。

第三条 党政机关公文是党政机关实施领导、履行职能、处理公务的具有特定效力和规范体式的文书，是传达贯彻党和国家的方针政策，公布法规和规章，指导、布置和商洽工作，请示和答复问题，报告和交流情况等的重要工具。

第四条 公文处理工作是指公文拟制、办理、管理等一系列相互关联、衔接有序的工作。

第五条 公文处理工作应当坚持实事求是、准确规范、精简高效、安全保密的原则。

第六条 各级党政机关应当高度重视公文处理工作，加强组织领导，强化队伍建设，设立文秘部门或者由专人负责公文处理工作。

第七条 各级党政机关办公厅（室）主管本机关的公文处理工作，对下级机关的公文处理工作进行业务指导和督促检查。

第二章 公文种类

第八条 公文种类主要有：

（一）决议。适用于会议讨论通过的重大决策事项。

（二）决定。适用于对重要事项作出决策和部署、奖惩有关单位和人员、变更或者撤销下级机关不适当的决定事项。

（三）命令（令）。适用于公布行政法规和规章、宣布施行重大强制性措施、批准授予和晋升衔级、嘉奖有关单位和人员。

（四）公报。适用于公布重要决定或者重大事项。

（五）公告。适用于向国内外宣布重要事项或者法定事项。

（六）通告。适用于在一定范围内公布应当遵守或者周知的事项。

（七）意见。适用于对重要问题提出见解和处理办法。

（八）通知。适用于发布、传达要求下级机关执行和有关单位周知或者执行的事项，批转、转发公文。

（九）通报。适用于表彰先进、批评错误、传达重要精神和告知重要情况。

（十）报告。适用于向上级机关汇报工作，反映情况，回复上级机关的询问。

（十一）请示。适用于向上级机关请求指示、批准事项。

（十二）批复。适用于答复下级机关请示事项。

（十三）议案。适用于各级人民政府按照法律程序向同级人民代表大会或者人民代表大会常务委员会提请审议事项。

（十四）函。适用于不相隶属机关之间商洽工作、询问和答复问题、请求批准和答复审批事项。

（十五）纪要。适用于记载会议主要情况和议定事项。

第三章　公文格式

第九条　公文一般由份号、密级和保密期限、紧急程度、发文机关标志、发文字号、签发人、标题、主送机关、正文、附件说明、发文机关署名、成文日期、印章、附注、附件、抄送机关、印发机关和印发日期、页码等组成。

（一）份号。公文印制份数的顺序号。涉密公文应当标注份号。

（二）密级和保密期限。公文的秘密等级和保密的期限。涉密公文应当根据涉密程度分别标注"绝密""机密""秘密"和保密期限。

（三）紧急程度。公文送达和办理的时限要求。根据紧急程度，紧急公文应当分别标注"特急"、"加急"，电报应当分别标注"特提""特急""加急""平急"。

（四）发文机关标志。由发文机关全称或者规范化简称加"文件"二字组成，也可以使用发文机关全称或者规范化简称。联合行文时，发文机关标志可以并用联合发文机关名称，也可以单独用主办机关名称。

（五）发文字号。由发文机关代字、年份、发文顺序号组成。联合行文时，使用主办机关的发文字号。

（六）签发人。上行文应当标注签发人姓名。

（七）标题。由发文机关名称、事由和文种组成。

（八）主送机关。公文的主要受理机关，应当使用机关全称、规范化简称或者同类型机关统称。

（九）正文。公文的主体，用来表述公文的内容。

（十）附件说明。公文附件的顺序号和名称。

（十一）发文机关署名。署发文机关全称或者规范化简称。

（十二）成文日期。署会议通过或者发文机关负责人签发的日期。联合行文时，署最后签发机关负责人签发的日期。

（十三）印章。公文中有发文机关署名的，应当加盖发文机关印章，并与署名机关相符。有特定发文机关标志的普发性公文和电报可以不加盖印章。

（十四）附注。公文印发传达范围等需要说明的事项。

（十五）附件。公文正文的说明、补充或者参考资料。

（十六）抄送机关。除主送机关外需要执行或者知晓公文内容的其他机关，应当使用机关全称、规范化简称或者同类型机关统称。

（十七）印发机关和印发日期。公文的送印机关和送印日期。

（十八）页码。公文页数顺序号。

第十条 公文的版式按照《党政机关公文格式》国家标准执行。

第十一条 公文使用的汉字、数字、外文字符、计量单位和标点符号，按照有关国家标准和规定执行。民族自治地方的公文，可以并用汉字和当地通用的少数民族文字。

第十二条 公文用纸幅面采用国际标准 A4 型。特殊形式的公文用纸幅面，根据实际需要确定。

第四章 行文规则

第十三条 行文应当确有必要，讲求实效，注重针对性和可操作性。

第十四条 行文关系根据隶属关系和职权范围确定。一般不得越级行文，特殊情况需要越级行文的，应当同时抄送被越过的机关。

第十五条 向上级机关行文，应当遵循以下规则：

（一）原则上主送一个上级机关，根据需要同时抄送其他相关上级机关和同级机关，不抄送下级机关。

（二）党委、政府的部门向上级主管部门请示、报告重大事项，应当经本级党委、政府同意或者授权，属于部门职权范围内的事项应直接报送上级主管部门。

（三）下级机关的请示事项，如需以本机关名义向上级机关请示，应当提出倾向性意见后上报。不得原文转报上级机关。

（四）请示应当一文一事，不得在报告等非请示性公文中夹带请示事项。

（五）除上级机关负责人直接交办事项外，不得以本机关名义向上级机关负责人报送公文，也不得以本机关负责人名义向上级机关报送公文。

（六）受双重领导的机关向一个上级机关行文，必要时应当抄送另一个上级机关。

（七）不符合行文规则的上报公文，上级机关的文秘部门可退回下级呈报机关。

第十六条 向下级机关行文，应当遵循以下规则：

（一）主送受理机关，根据需要抄送相关机关。重要行文应当同时抄送发文机关的直接上级机关。

（二）党委、政府的办公厅（室）根据本级党委、政府授权，可以向下级党委、政府行文，其他部门和单位不得向下级党委、政府发布指令性公文或者在公文中向下级党委、政府提出指令性要求。需经政府审批的具体事项，经政府同意可由政府职能部门行文，文中需注明已经政府同意。

（三）党委、政府的部门在各自职权范围内可以向下级党委、政府的相关部门行文。

（四）涉及多个部门职权范围内的事务，部门之间未协商一致的，不得向下行文；擅自行文的，上级机关应当责令其纠正或者撤销。

（五）上级机关向受双重领导的下级机关行文，必要时抄送该下级机关的另一个上级机关。

第十七条 同级党政机关、党政机关与其他同级机关必要时可以联合行文。属于党委、政府各自职权范围内的工作，不得联合行文。党委、政府的部门依据职权可以相互行文。部门内设机构除办公厅（室）外不得对外正式行文。

第五章 公文拟制

第十八条 公文拟制包括公文的起草、审核、签发等程序。

第十九条 公文起草应当做到：

（一）符合国家的法律法规和党的路线方针政策，完整准确体现发文机关意图，并同现行有关公文相衔接。

（二）一切从实际出发，分析问题实事求是，所提政策措施和办法切实可行。

（三）内容简洁，主题突出，观点鲜明，结构严谨，表述准确，文字精练。

（四）文种正确，格式规范。

（五）公文涉及其他部门职权范围事项的，起草单位必须征求相关部门意见，力求达成一致。

（六）深入调查研究，充分进行论证，广泛听取意见。

（七）机关负责人应当主持、指导重要公文起草工作。

第二十条 公文文稿签发前，应当由发文机关办公厅（室）进行审核。审核的重点是：

（一）行文理由是否充分，行文依据是否准确。

（二）内容是否符合国家法律法规和党的路线方针政策；是否完整准确体现发文机关意图；是否同现行有关公文相衔接；所提政策措施和办法是否切实可行。

（三）涉及有关地区或者部门职权范围的事项是否经过充分协商并达成一致意见。

（四）文种是否正确，格式是否规范；人名、地名、时间、数字、段落顺序、引文等是否准确；文字、数字、计量单位和标点符号等用法是否符合规定。

（五）其他内容是否符合公文起草的有关要求。

需要发文机关审议的重要公文文稿，审议前由发文机关办公厅（室）进行初核。

第二十一条 经审核不宜发文的公文文稿，应当退回起草单位并说明理由；符合发文条件但内容需作进一步研究和修改的，由起草单位修改后重新报送。

第二十二条 公文应当经本机关负责人审批签发。重要公文和上行文由机关主要负责人签发。党委、政府的办公厅（室）根据党委、政府授权制发的公文，由受权机关主要负责人签发或者按照有关规定签发。签发人签发公文，应当签署意见、姓名和完整日期；圈阅或者签名的，视为同意。联合行文由所有联署机关的负责人会签。

第六章 公文办理

第二十三条 公文办理包括收文办理、发文办理和整理归档。

第二十四条 收文办理主要程序是：

（一）签收。对收到的公文应当逐件清点，核对无误后签字或者盖章，并注明签收时间。

（二）登记。对公文的主要信息和办理情况应当详细记载。

（三）初审。对收到的公文应当进行初审。初审的重点是：是否应当由本机关办理，是否符合行文规则，文种、格式是否符合要求，涉及其他地区或者部门职权范围的事项是否已经协商、会签；是否符合公文起草的其他要求。经初审不符合规定的公文，应当及时退回来文单位并说明理由。

（四）承办。阅知性公文应当根据公文内容、要求和工作需要确定范围后分送。批办性公文应当提出拟办意见报本机关负责人批示或者转有关部门办理；需要两个以上部门办理的，应当明确主办部门。紧急公文应当明确办理时限。承办部门对交办的公文应当及时办理，有明确办理时限要求的应当在规定时限内办理完毕。

（五）传阅。根据领导批示和工作需要将公文及时送传阅对象阅知或者批示。办理公文传阅应当随时掌握公文去向，不得漏传、误传、延误。

（六）催办。及时了解掌握公文的办理进展情况，督促承办部门按期办结。紧急公文或者重要公文应当由专人负责催办。

（七）答复。公文的办理结果应当及时答复来文单位，并根据需要告知相关单位。

第二十五条 发文办理主要程序是：

（一）复核。已经发文机关负责人签批的公文，印发前应当对公文的审批手续、内容、文种、格式等进行复核；需作实质性修改的，应当报原签批人复审。

（二）登记。对复核后的公文，应当确定发文字号、分送范围和印制份数并详细记载。

（三）印制。公文印制必须确保质量和时效。涉密公文应当在符合保密要求的场所印制。

（四）核发。公文印制完毕，应当对公文的文字、格式和印刷质量进行检查后分发。

第二十六条 涉密公文应当通过机要交通、邮政机要通信、城市机要文件交换站或者收发件机关机要收发人员进行传递，通过密码电报或者符合国家保密规定的计算机信息系统进行传输。

第二十七条 需要归档的公文及有关材料，应当根据有关档案法律法规及机关档案管理规定，及时收集齐全、整理归档。两个以上机关联合办理的公文，原件由主办机关归档，相关机关保存复制件。机关负责人兼任其他机关职务的，在履行所兼职务过程中形成的公文，由其兼职机关归档。

第七章 公文管理

第二十八条 各级党政机关应当建立健全本机关公文管理制度，确保管理严格规范，充分发挥公文效用。

第二十九条 党政机关公文由文秘部门或者专人统一管理。设立党委（党组）的县级以上单位应建立机要保密室和机要阅文室，并按有关保密规定配备工作人员和必要的安全保密设施。

第三十条 公文确定密级前，应当按照拟定的密级先行采取保密措施。确定密级后，应当按照所定密级严格管理。绝密级公文应当由专人管理。公文的密级需要变更或者解除的，由原确定密级的机关或者其上级机关决定。

第三十一条 公文的印发传达范围应当按照发文机关的要求执行；需要变更的，应当经发文机关批准。涉密公文公开发布前应当履行解密程序。公开发布的时间、形式和渠道，由发文机关确定。经批准公开发布的公文，同发文机关正式制发的公文具有同等效力。

第三十二条 复制、汇编机密级、秘密级公文，应当符合有关规定并经本机关负责人批准。绝密级公文一般不得复制、汇编，确有工作需要的，应当经发文机关或者其上级机关批准。复制、汇编的公文视同原件管理。

复制件应当加盖复制机关戳记。翻印件应当注明翻印的机关名称、日期。汇编本的密级按照编入公文的最高密级标注。

第三十三条 公文的撤销和废止，由发文机关、上级机关或者权力机关根据职权范围和有关法律法规决定。公文被撤销的,视为自始无效;公文被废止的,视为自废止之日起失效。

第三十四条 涉密公文应当按照发文机关的要求和有关规定进行清退或者销毁。

第三十五条 不具备归档和保存价值的公文,经批准后可以销毁。销毁涉密公文必须严格按照有关规定履行审批登记手续,确保不丢失、不漏销。个人不得私自销毁、留存涉密公文。

第三十六条 机关合并时,全部公文应当随之合并管理;机关撤销时,需要归档的公文整理后按照有关规定移交档案管理部门。

工作人员调离岗位时,所在机关应当督促其将暂存、借用的公文按照有关规定移交、清退。

第三十七条 新设立的机关应当向党委、政府的办公厅(室)提出发文立户申请。经审查符合条件的,列为发文单位,机关合并或者撤销时,相应进行调整。

第八章 附 则

第三十八条 党政机关公文含电子公文。电子公文处理工作的具体办法另行制定。

第三十九条 法规、规章方面的公文,依照有关规定处理。外事方面的公文,依照外事主管部门的有关规定处理。

第四十条 其他机关和单位的公文处理工作,可以参照本条例执行。

第四十一条 本条例由中共中央办公厅、国务院办公厅负责解释。

第四十二条 本条例自 2012 年 7 月 1 日起施行。1996 年 5 月 3 日中共中央办公厅印发的《中国共产党机关公文处理条例》和 2000 年 8 月 24 日国务院发布的《国家行政机关公文处理办法》停止执行。

附录四

秘书国家职业标准

（2006年版）

1 职业概况

1.1 职业名称
秘书。

1.2 职业定义
从事办公室程序性工作、协助上司处理政务及日常事务并为决策及实施提供服务的人员。

1.3 职业等级
本职业共设四个等级，分别为：五级秘书（国家职业资格五级）、四级秘书（国家职业资格四级）、三级秘书（国家职业资格三级）、二级秘书（国家职业资格二级）。

1.4 职业环境
室内，常温。

1.5 职业能力特征
具备文字与语言沟通能力、综合协调与合作能力、逻辑思维与分析能力等。

1.6 基本文化程度
高中毕业（或同等学力）。

1.7 培训要求

1.7.1 培训期限
全日制职业学校教育，根据其培养目标和教学计划确定。晋级培训期限：五级秘书不少于220标准学时；四级秘书不少于200标准学时；三级秘书不少于200标准学时；二级秘书不少于150标准学时。

1.7.2 培训教师
应具有本职业2年以上培训经验。培训五级秘书、四级秘书的教师应具有三级秘书及以上职业资格证书或相关专业中级及以上专业技术职务任职资格；培训三级秘书的教师应具有二级秘书职业资格证书或相关专业中级及以上专业技术职务任职资格；培训二级秘书的教师应具有二级秘书职业资格证书3年以上或相关专业高级专业技术职务任职资格。

1.7.3 培训场地设备
培训场地应具有可容纳20名以上学员的标准教室，并配备电视机、VCD机、录音机、录像机、摄像机、投影仪、计算机、打印机、复印机、传真机、碎纸机、光盘刻录机、数码相机、扫描仪等设备。

1.8 鉴定要求

1.8.1 适用对象

从事或准备从事本职业的人员。

1.8.2 申报条件

——五级秘书（具备以下条件之一者）

（1）连续从事本职业工作1年以上。

（2）具有中等职业学校本专业（职业）或相关专业毕业证书。

（3）经本职业五级正规培训达规定标准学时数，并取得结业证书。

——四级秘书（具备以下条件之一者）

（1）连续从事本职业工作3年以上。

（2）连续从事本职业工作2年以上，经本职业四级正规培训达规定标准学时数，并取得结业证书。

（3）取得本职业五级职业资格证书后，连续从事本职业工作2年以上。

（4）取得本职业五级职业资格证书后，连续从事本职业工作1年以上，经本职业四级正规培训达规定标准学时数，并取得结业证书。

——三级秘书（具备以下条件之一者）

（1）连续从事本职业工作6年以上。

（2）具有以高级技能为培养目标的技工学校、技师学院和职业技术学院本专业或相关专业毕业证书。

（3）取得本职业四级职业资格证书后，连续从事本职业工作4年以上。

（4）取得本职业四级职业资格证书后，连续从事本职业工作3年以上，经本职业三级正规培训达规定标准学时数，并取得结业证书。

（5）具有本专业或相关专业大学专科及以上学历证书。

（6）取得其他专业大学专科及以上学历证书后，连续从事本职业工作1年以上。

（7）取得其他专业大学专科及以上学历证书后，经本职业三级正规培训达规定标准学时数，并取得结业证书。

——二级秘书（具备以下条件之一者）

（1）连续从事本职业工作13年以上。

（2）取得本职业三级职业资格证书后，连续从事本职业工作5年以上。

（3）取得本职业三级职业资格证书后，连续从事本职业工作4年以上，经本职业二级正规培训达规定标准学时数，并取得结业证书。

（4）取得本专业或相关专业大学本科学历证书后，连续从事本职业工作5年以上。

（5）具有本专业或相关专业大学本科学历证书，取得本职业三级职业资格证书后，连续从事本职业工作4年以上。

（6）具有本专业或相关专业大学本科学历证书，取得本职业三级职业资格证书后，连续从事本职业工作3年以上，经本职业二级正规培训达规定标准学时数，并取得结业证书。

（7）取得硕士研究生及以上学历证书后，连续从事本职业工作2年以上。

1.8.3 鉴定方式

分为理论知识考试和专业能力考核，理论知识考试采用闭卷方式，专业能力考核采用笔试、录像等方式进行。理论知识考试和专业能力考核均实行百分制，成绩皆达60分及以上者为合格。二级秘书还必须进行综合评审。涉外秘书加试秘书英语考试，秘书英语考试采用闭卷笔试方式，成绩达60分以上者为合格。

1.8.4　考评人员与考生配比

理论知识考试、专业能力考核和秘书英语考试考评人员与考生配比为1∶20，每个标准教室不少于2名考评人员；综合评审委员不少于5人。

1.8.5　鉴定时间

理论知识考试时间不少于90 min；专业能力考核时间不少于120 min；秘书英语考试时间不少于90 min；综合评审时间不少于30 min。

1.8.6　鉴定场所设备

理论知识考试和秘书英语考试在标准教室进行。专业能力考核在具有计算机、电视机、录音机、录像机、VCD机和投影仪等设备的标准教室进行。

2　基本要求

2.1　职业道德

2.1.1　职业道德基本知识

2.1.2　职业守则

（1）谦虚谨慎，文明礼貌。
（2）办事公道，热情服务。
（3）实事求是，讲究时效。
（4）兢兢业业，甘当无名英雄。
（5）忠于职守，自觉履行各项职责。
（6）钻研业务，掌握秘书工作各项技能。
（7）奉公守法，不假借上司名义以权谋私。
（8）树立承诺意识、时限意识、精准意识、保密意识、权责意识、服务意识。

2.2　基础知识

2.2.1　文书基础

（1）应用文书的概念与制发程序。
（2）应用文书的格式。
（3）应用文书的要素。
（4）应用文书的表达方式。

2.2.2　办公自动化基础

（1）计算机基础知识。
（2）Windows XP 操作系统应用基础。
（3）Word 2003 应用基础。
（4）Excel 2003 应用基础。
（5）PowerPoint 2003 应用基础。
（6）计算机网络应用基础。

2.2.3 沟通基础
（1）沟通的基本概念与内容。
（2）沟通的方法与技巧。
（3）横向沟通与纵向沟通。

2.2.4 速记基础
（1）速记概述。
（2）手写速记知识。
（3）计算机速记知识。

2.2.5 企业管理基础
（1）企业管理常识。
（2）企业文化知识。
（3）企业人事管理知识。
（4）企业公共关系知识。
（5）企业经营常识。

2.2.6 相关法律、法规知识
（1）《中华人民共和国公司法》相关知识。
（2）《中华人民共和国合同法》相关知识。
（3）《中华人民共和国反不正当竞争法》相关知识。
（4）《中华人民共和国劳动法》相关知识。
（5）《中华人民共和国知识产权法》相关知识。
（6）世界贸易组织法相关知识。

3 工作要求

本标准对国家职业资格五级秘书、四级秘书、三级秘书和二级秘书的能力要求依次递进，高级别涵盖低级别的要求。

3.1 五级秘书

职业功能	工作内容	能力要求	相关知识
一、会议管理	（一）会前筹备	1. 能够发送会议通知 2. 能够制作会议证件和指示标识 3. 能够预订会议室 4. 能够预订、确认会议住宿 5. 能够确认最终参会人员	1. 会议的构成要素 2. 常见的会议种类 3. 会议通知的内容 4. 会议证件的样式 5. 会议指示的标识 6. 会议室预订知识 7. 会议接待工作的内容与基本程序
	（二）会中服务	1. 能够按要求接站 2. 能够完成签到工作 3. 能够引导与会人员就座	1. 接站的准备内容 2. 签到工作的内容 3. 引导与会人员就座的方法

（续表）

职业功能	工作内容	能力要求	相关知识
一、会议管理	（三）会后落实	1. 能够安排与会人员返程 2. 能够清退会议文件资料 3. 能够整理会议室	1. 返程工作的服务要求 2. 清退会议文件资料的基本要求 3. 整理会议室的注意事项
二、事务管理	（一）接待	1. 能够按职业要求着装 2. 能够正确接听、拨打电话 3. 能够迎送来访者 4. 能够招待来访者 5. 能够设计、填写接待记录与电话记录表	1. 着装的要求 2. 仪态的要求 3. 接听、拨打电话的基本要求 4. 迎送来访者的礼节要求 5. 接待的程序及要求 6. 电话记录表的设计要求 7. 接待记录表的设计要求
	（二）办公环境管理	1. 能够维护接待室、会议室等相关公共区域的环境 2. 能够维护领导的办公室环境 3. 能够维护本人的办公环境	1. 公共环境构成的知识 2. 领导办公室环境的要求 3. 个人办公环境的要求 4. 常用个人办公用品的种类 5. 常用公共物品的种类
	（三）办公室日常事务管理	1. 能够安排会议室 2. 能够安排用车 3. 能够处理邮件	1. 会议室登记的要求 2. 用车登记的要求 3. 签收邮件的流程 4. 传阅邮件的要求 5. 寄发邮件的要求
	（四）办公用品与设备的使用和管理	1. 能够发放办公用品 2. 能够使用打印机打印文档 3. 能够使用传真机收、发文件并对结果进行确认 4. 能够使用复印机复印文件 5. 能够使用碎纸机销毁文件	1. 常用办公用品的种类 2. 发放办公用品的手续 3. 打印机的种类及安装知识 4. 传真机的使用与维护常识 5. 复印机的使用与维护常识 6. 碎纸机的日常维护
三、文书拟写与处理	（一）文书拟写	1. 能够拟写事项性通知 2. 能够拟写商洽函 3. 能够拟写传真稿 4. 能够拟写备忘录 5. 能够拟写请柬 6. 能够拟写邀请信 7. 能够拟写贺信（电） 8. 能够拟写感谢信 9. 能够拟写各种类型的启事	1. 事项性通知的概念、类型及拟写要点 2. 商洽函的概念、拟写要点及注意事项 3. 传真件的格式 4. 备忘录的格式 5. 请柬的格式 6. 邀请信的写作要求 7. 邀请信与请柬的区别 8. 贺信（电）的写作要求 9. 感谢信的写作要求 10. 启事的概念、种类、特点及写作要求

(续表)

职业功能	工作内容	能力要求	相关知识
三、文书拟写与处理	（二）收文、发文处理	1. 能够签收文书 2. 能够拆封文书 3. 能够登记文书 4. 能够分发文书	1. 文书签收的要求 2. 文书拆封的要求 3. 文书登记的要求 4. 文书分发的要求 5. 收文、发文处理程序
	（三）文档管理	1. 能够确定归档范围 2. 能够对文书进行立卷归档	1. 档案的概念、特点与种类 2. 立卷、归档、档案收集的含义 3. 归档制度的内容 4. 文书归档的要求 5. 档案装订的方法与要求

3.2 四级秘书

职业功能	工作内容	能力要求	相关知识
一、会议管理	（一）会前筹备	1. 能够拟定会议议程、日程 2. 能够提供会议地点备选方案 3. 能够布置会场和安排座次 4. 能够发布会议信息 5. 能够安排会议食宿、车辆 6. 能够邀请嘉宾 7. 能够准备会议资料、会议用品 8. 能够安排会议礼仪服务 9. 能够检查会议常用视听设备是否正常	1. 会议议程、日程的内容 2. 会议地点选择的要求 3. 会场整体布局的要求 4. 主席台座次和场内座次 5. 会议信息发布的内容与方法 6. 安排食宿的常识 7. 邀请嘉宾的要求 8. 会议资料和用品的类型和准备程序 9. 会议礼仪服务的知识 10. 会议常用视听设备检查的内容和要求
	（二）会中服务	1. 能够安排会议值班工作 2. 能够联系和接待新闻媒体 3. 能够进行会议记录 4. 能够收集与会人员对会议的意见和建议 5. 能够印发会议简报 6. 能够安排与会人员的集体合影	1. 会议值班工作的内容与要求 2. 接待新闻媒体的工作内容 3. 会议记录的特点 4. 会议记录的注意事项 5. 收集会议信息的要求 6. 会议简报的内容和要求 7. 反馈会议信息的内容与要求
	（三）会后落实	1. 能够收集、整理会议文件资料 2. 能够印发会议纪要 3. 能够结算会议经费 4. 能够收集、反馈会议精神的落实情况	1. 会议文件资收集、整理的要求 2. 会议纪要的内容和要求 3. 会议经费结算的方法 4. 收集、反馈会议精神落实情况的方法

（续表）

职业功能	工作内容	能力要求	相关知识
二、事务管理	（一）接待	1. 能够制订接待工作计划 2. 能够安排迎送来访团体 3. 能够安排来访者食宿、交通、行程 4. 能够安排来访者的参观、娱乐活动	1. 确定接待规格的方法 2. 接待计划的基本内容和要求 3. 中餐宴请礼仪的要求 4. 用车礼仪的要求
	（二）办公环境管理	1. 能够布置办公室 2. 能够检查办公室环境的安全状况 3. 能够对办公室安全隐患提出处理办法	1. 办公室的布置要求 2. 办公室的布置原则 3. 安全检查的内容与要求 4. 安全隐患表的填写要求 5. 设备故障表的填写要求
	（三）办公室日常事务管理	1. 能够编制工作时间表 2. 能够编制、管理工作日志 3. 能够管理印章和介绍信 4. 能够安排值班工作 5. 能够办理现金使用手续 6. 能够办理领导的差旅事务 7. 能够办理领导临时交办的事项 8. 能够完成文字记录工作	1. 工作时间表的内容与编写要求 2. 时间管理的内容、工具与技巧 3. 工作日志的内容与编写要求 4. 管理领导工作日志的方法及注意事项 5. 印章的种类、样式、管理与使用要求 6. 介绍信的使用要求 7. 值班工作的内容、任务与要求 8. 现金提取、使用与报销要求 9. 办理差旅事务的要求 10. 领导临时交办事项的特点、范围 11. 文字记录的方法与要求
	（四）办公用品与设备的使用和管理	1. 能够订购、接收、管理办公用品 2. 能够使用数码相机拍摄照片 3. 能够使用扫描仪扫描文件与图片 4. 能够使用光盘刻录机刻录光盘 5. 能够使用投影仪显示图文 6. 能够使用摄像机进行拍摄	1. 订购、接收、管理办公用品的常识 2. 数码相机的使用及维护常识 3. 扫描仪的安装与使用常识 4. 光盘刻录机的使用常识 5. 投影仪使用、保养的注意事项 6. 摄像机的使用与维护常识

(续表)

职业功能	工作内容	能力要求	相关知识
二、事务管理	（五）信息管理	1. 能够收集信息 2. 能够筛选信息 3. 能够分类信息 4. 能够校核信息 5. 能够用各种方式传递信息 6. 能够登记、编码、排列、保管信息	1. 信息的含义、特征与种类 2. 信息工作的程序 3. 信息收集的方法、渠道与要求 4. 信息筛选的含义与要求 5. 信息分类的含义、方法与要求 6. 信息校核的含义、方法与要求 7. 信息传递的方向、要素、形式、方法与要求 8. 信息存储的载体、方式与要求
三、文书拟写与处理	（一）文书拟写	1. 能够拟写批转转发性通知 2. 能够拟写报告 3. 能够拟写请示 4. 能够拟写问答函 5. 能够制发简报 6. 能够拟写意向书 7. 能够拟写各种形式的订货单 8. 能够撰写商品的说明书	1. 批转转发性通知的概念、类型、拟写要点 2. 报告的概念、特点、类型、拟写要点、注意事项 3. 请示的概念、特点、类型、拟写要点、注意事项 4. 报告与请示的区别 5. 问答函的概念、类型、拟写要点 6. 简报的概念、类型与特点、注意事项 7. 意向书的概念、特点、结构 8. 订货单的概念、特点、写作类型 9. 商品说明书的概念、特点、写作及注意事项
	（二）收文、发文处理	1. 能够校对文书 2. 能够缮印文书 3. 能够传阅文书	1. 文书校对的要求 2. 文书缮印的要求 3. 文书传阅的要求
	（三）文档管理	1. 能够进行档案分类 2. 能够编制档案检索工具 3. 能够鉴定档案 4. 能够管理档案库	1. 档案分类的含义、方法与要求 2. 档案检索工作的内容 3. 档案检索工作的含义与类型 4. 档案鉴定的方法 5. 档案保管期限 6. 档案鉴定工作的内容与要求 7. 档案保管工作的内容与要求

3.3 三级秘书

职业功能	工作内容	能力要求	相关知识
一、会议管理	（一）会前筹备	1. 能够拟订各种会议的筹备方案 2. 能够督查会务的筹备情况 3. 能够审核会议文件 4. 能够与领导沟通会议的有关事宜 5. 能够拟订会议的应急方案	1. 会议方案的内容 2. 电话会议及视频会议知识 3. 会务机构的分工 4. 督查会务筹备的内容 5. 会议文件审核的内容及方法 6. 会前与领导沟通的内容 7. 会议应急方案的内容
	（二）会中服务	1. 能够提示会议按计划进行 2. 能够监督会议经费的使用 3. 能够处理会中突发事件	1. 提示会议进程的方法 2. 监督会议经费使用的方法 3. 处理会议突发事件的要求
	（三）会后落实	1. 能够对会议进行总结 2. 能够评估会议工作	1. 会议总结工作的内容和要求 2. 会议评估工作的标准
二、事务管理	（一）接待	1. 能够安排涉外礼宾次序 2. 能够安排涉外迎送仪式 3. 能够安排涉外会见、会谈和拜访 4. 能够安排涉外宴请 5. 能够选择馈赠礼品	1. 国际礼仪常识 2. 涉外接待的原则和要求 3. 涉外迎送仪式的要求 4. 涉外会见会谈和拜访要求 5. 涉外宴请常识 6. 馈赠礼品的要求
	（二）办公环境管理	1. 能够选择办公模式 2. 能够提出办公室布局方案	1. 办公模式的种类及特点 2. 办公室的布局类型 3. 办公室合理布局的作用
	（三）办公室日常事务管理	1. 能够对办公流程提出改进建议 2. 能够提出预防及应对突发事件的措施 3. 能够督促、检查各项办公室日常事务工作的完成情况 4. 能够制订工作计划 5. 能够确定承办期限 6. 能够进行工作评估	1. 改进办公室日常事务工作流程的基本思路、注意事项 2. 突发事件的种类 3. 处理突发事件的原则 4. 督查工作的内容、特点、原则与方法 5. 工作计划的种类、内容与要求 6. 制订与实施工作计划的注意事项 7. 确定承办期限的要求 8. 工作评估标准 9. 工作评估的要求与方法
	（四）办公用品与设备管理	1. 能够制定办公用品和办公设备的采购程 2. 能够编制采购办公用品和办公设备的预算方案 3. 能够调配办公资源	1. 采购办公用品和办公设备的程序化要求 2. 编制预算方案的注意事项 3. 办公资源调配与合理利用的基本要求

(续表)

职业功能	工作内容	能力要求	相关知识
二、事务管理	（五）信息管理	1. 能够加工、编写信息材料 2. 能够提供并利用信息 3. 能够反馈信息	1. 信息开发的类型、形式、方法与要求 2. 信息编写的类型 3. 信息利用的方法与要求 4. 信息反馈的形式、方法与要求
三、文书拟写与处理	（一）文书拟写	1. 能够拟写通告 2. 能够拟写通报 3. 能够拟写决定 4. 能够拟写请批、批答函 5. 能够制订计划 6. 能够拟写总结 7. 能够拟写述职报告 8. 能够拟写讲话稿 9. 能够拟写市场调查报告 10. 能够拟写招标书 11. 能够拟写投标书	1. 通告的概念、类型、与公告的区别、拟写要点、注意事项 2. 通报的概念、性质、类型、拟写要点、注意事项 3. 决定的概念、特点、类型、拟写要点、注意事项 4. 请批、批答函的概念、类型、拟写要点、注意事项 5. 计划的概念和特点 6. 总结的概念、类型、注意事项 7. 述职报告的特点、注意事项 8. 讲话稿的特点、注意事项 9. 市场调查报告的概念和特点 10. 招标书的类型 11. 投标书的结构与写法
	（二）收文、发文处理	1. 能够审核文书 2. 能够拟办文书 3. 能够承办文书 4. 能够催办、注办文书	1. 文书审核的要求 2. 文书拟办的要求 3. 文书承办的要求 4. 文书催办、注办的要求
	（三）文档管理	1. 能够提供并利用档案 2. 能够编写档案参考材料 3. 能够管理电子档案	1. 档案利用的概念 2. 档案参考材料的编写要求 3. 电子档案的管理要求

3.4 二级秘书

职业功能	工作内容	能力要求	相关知识
一、会议管理	（一）会前筹备	1. 能够拟订会议策划方案 2. 能够审核会议的筹备方案 3. 能够组织与培训会议工作人员	1. 策划会议方案的注意事项 2. 会议筹备方案的审核要求 3. 会议工作人员的培训内容和方法
	（二）会议企事业单位	1. 能够主持会议 2. 能够督查会议决议的落实	1. 主持会议的技巧与要求 2. 落实会议决议的要求

（续表）

职业功能	工作内容	能力要求	相关知识
二、事务管理	（一）办公环境管理	1. 能够实施并监管组织的安全运营 2. 能够评估办公环境管理状况	1. 安全生产的法规 2. 办公环境应具备的条件
	（二）办公室日常事务管理	1. 能够管理团队 2. 能够陪同协助领导工作 3. 能够拟订调查研究方案并组织实施	1. 团队管理的要求 2. 陪同协助工作的类型、特点及要求 3. 确定调查研究课题的方法 4. 调查研究的类型、方法及注意事项
	（三）商务活动实施	1. 能够安排参观活动 2. 能够安排签字仪式 3. 能够安排典礼仪式 4. 能够安排展览活动 5. 能够安排商务谈判 6. 能够安排招商活动	1. 参观活动的目的、类型、注意事项 2. 签字仪式的类型 3. 典礼仪式的类型 4. 展览活动的目的及类型 5. 秘书在商务谈判中的注意事项 6. 招商活动的基本形式
	（四）信息管理	1. 能够利用信息辅助决策 2. 能够制定信息工作制度	1. 决策的程序 2. 辅助决策的信息工作内容、方法与要求 3. 信息工作制度的内容及制定要求
三、文书拟写与处理	（一）文书拟写	1. 能够拟写会议纪要 2. 能够拟写意见 3. 能够拟写合同 4. 能够拟写可行性研究报告	1. 会议纪要的概念、特点、类型、起草程序、拟写要点、注意事项 2. 意见的概念、特点、类型、拟写要点、注意事项 3. 合同的概念、特点、类型 4. 合同的主要条款、写作要求 5. 可行性研究报告的概念 6. 可行性研究报告的类型、写作要求
	（二）文档管理	1. 能够制定档案管理制度 2. 能够选择档案管理模式	1. 档案管理制度的内容与要求 2. 档案管理模式的相关知识

4 比重表

4.1 理论知识

项　　目		五级秘书（%）	四级秘书（%）	三级秘书（%）	二级秘书（%）
基本要求	职业道德	10	10	10	10
	基础知识	30	25	20	15
会议管理		15	15	20	25
事务管理		20	25	25	25
文书拟写与处理		25	25	25	25
合计		100	100	100	100

4.2 专业能力

项　　目	五级秘书（%）	四级秘书（%）	三级秘书（%）	二级秘书（%）
会议管理	30	30	30	30
事务管理	45	45	40	40
文书拟写与处理	25	25	30	30
合计	100	100	100	100

附录五

国家秘书职业资格考试四级样题

第一部分 职业道德

（1~25题，共25道题）

一、职业道德基础理论与知识部分（第1~16题）

答题指导：
- 该部分均为选择题，每题均有四个备选项，其中单项选择题只有一个选项是正确的，多项选择题有两个或两个以上选项是正确的。
- 请根据题意的内容和要求答题，并在答题卡上将所选答案的相应字母涂黑。
- 错选、少选、多选，则该题均不得分。

（一）单项选择（第1~8题，每题1分，共8分）

1. 下列关于市场经济的缺陷描述，不正确的是（　　）。
   A. 自发性　　　　　　　　　B. 竞争性
   C. 盲目性　　　　　　　　　D. 决策分散性
2. 做到开拓创新的人，一般是（　　）。
   A. 思维怪异的人　　　　　　B. 物质条件充裕的人
   C. 受过高等教育的人　　　　D. 具有坚定意志的人
3. 企业工作人员应当坚持实事求是的作风，（　　）。
   A. 一切从实际出发　　　　　B. 对领导言听计从
   C. 坚持本本主义　　　　　　D. 努力提高自身思想素质
4. "一个好汉三个帮，一个篱笆三个桩"说明了（　　）。
   A. 勇于创新是成功的重要条件　B. 团结协作是成功的保证
   C. 勤劳节俭是重要社会美德　　D. 诚实守信是为人之本
5. 公务员在所从事的活动中，要严格按照《宪法》和法律、法规的规定，使自己的行为合法。这就是（　　）。
   A. 依法执政　　　　　　　　B. 爱岗敬业
   C. 热爱群众　　　　　　　　D. 严谨治学
6. 比尔·盖茨因贵宾车位贵几元钱而不愿意停在上面，你认为这说明其（　　）。
   A. 公正廉洁　　　　　　　　B. 斤斤计较
   C. 节用有度　　　　　　　　D. 挑挑拣拣

7. 孔子讲到的"敬事而信",意思是说（　　）。
   A. 克己奉公，努力奉献国家　　　　B. 爱岗敬业，做好本职工作
   C. 意志坚定，对事业成功充满信心　D. 诚实守信，做到表里如一
8. "霸主孤身取二江，子孙多以百成降。豪华尽出成功后，逸乐安知与祸双?"，你认为这句话说明了（　　）。
   A. 勤劳是丰收之母　　　　　　　　B. 腐败是有历史原因的
   C. 腐败是社会发展的必然现象　　　D. 节俭与成功紧密相连

（二）多项选择（第9~16题，每题1分，共8分）

9. 维护企业信誉最重要的做法是（　　）。
   A. 树立产品质量意识　　　　　　　B. 扩大广告投入力度
   C. 不披露企业内部发生的事　　　　D. 要妥善处理顾客投诉
10. "文明礼貌"是（　　）。
    A. 职业道德的重要规范
    B. 商业、服务业职工必须遵循的道德规范，与其他职业没有关系
    C. 企业形象的重要内容
    D. 只在自己的工作岗位上讲，其他场合不用讲
11. 维护企业利益与保护社会环境的关系，正确的观点是（　　）。
    A. 保护环境是政府的事，企业职责是发展生产
    B. 企业不仅重视经济效益，也要注意保护环境
    C. 企业生产耗能多，无碍大局
    D. 要树立全面、协调、可持续发展的科学发展观
12. 在实际工作中，践行诚信职业道德规范，必须（　　）。
    A. 顾及各方面的关系　　　　　　　B. 正确对待利益问题
    C. 既不欺人也不自欺　　　　　　　D. 视服务对象而定
13. 维护企业的信誉，树立企业的形象，必须做到（　　）。
    A. 树立产品质量意识　　　　　　　B. 重视服务质量，树立服务意识
    C. 勤俭节约，降低成本　　　　　　D. 信守承诺，遵守合同
14. 职业道德主要通过（　　）的关系，增强企业的凝聚力。
    A. 协调企业员工之间　　　　　　　B. 调节领导与职工
    C. 协调职工与企业　　　　　　　　D. 调节企业与市场
15. 从业人员在工作中必须遵守的行为准则有（　　）。
    A. 尊重同事隐私　　　　　　　　　B. 替同事着想，给同事方便
    C. 宽容谅解　　　　　　　　　　　D. 工作认真负责
16. 公私分明是做人的美德，在市场经济条件下，正确的做法是（　　）。
    A. 摆正个人利益与企业利益、国家利益的关系，做到公私分明
    B. 经得起金钱、物质利益的诱惑，不做有损企业的事情
    C. 在现实条件下，人在河边走，哪有不湿鞋
    D. 那些为公为他人利益着想，甚至公而忘私的人是"傻子"

二、职业道德个人表现部分（第17～25题）

答题指导：
- 该部分均为选择题，每题均有四个备选项。
- 请按照题意要求，根据自己的实际情况只选择其中一个选项。并在答题卡上将所选择答案的相应字母涂黑。

离散选择（第17～25题，每题1分，共9分）

17. 在日常工作中，我帮助同事的时候（　　）。
    A. 非常多　　　　　　　　　B. 比较多
    C. 比较少　　　　　　　　　D. 极少

18. 在作自我介绍时，关于在哪儿工作，我觉得（　　）。
    A. 没必要提及，这些信息不重要
    B. 说不说都行，看时间长短
    C. 说不说都行，看别人说了哪些方面的情况再定
    D. 应该说，这样有利于别人了解自己

19. 对于社会或国内外大事，我（　　）。
    A. 经常倾听，知道事情的来龙去脉
    B. 只了解一下与自己有关的事情
    C. 不关心那些事情
    D. 偶尔听听看看，也不涉及个人利益

20. 遇到一位老人吃力地背着包裹在行走，你的态度是（　　）。
    A. 不管，也不认识　　　　　B. 怕被误解，算了吧
    C. 询问一下要帮助吗　　　　D. 赶紧上前帮助他

21. 如果有一天，你所在的工作单位财政困难，所有员工的薪水要降20%，你会（　　）。
    A. 对单位失去信心，马上辞职，找薪水更高的工作
    B. 努力工作，相信单位的境况会一天天好起来
    C. 停薪留职，等单位境况好转之后再回来
    D. 工作积极性会有所下降，但舍不得辞职离开

22. 你（　　）在工作上碰到一些麻烦事时，急躁、易怒甚至情绪失控。
    A. 经常会　　　　　　　　　B. 有时候会
    C. 从来不会　　　　　　　　D. 总是

23. 当一些你不太熟悉的人对你倾诉他的生平遭遇以求同情时，你（　　）觉得不自在。
    A. 总是　　　　　　　　　　B. 偶尔
    C. 有时　　　　　　　　　　D. 从未

24. 有和自己意见不一致的人在场时，你（　　）。
    A. 心情就不好　　　　　　　　B. 心情郁闷
    C. 心情压抑　　　　　　　　　D. 心情很平和
25. 对于公司联谊活动，你（　　）。
    A. 非常不喜欢　　　　　　　　B. 稍有不喜欢
    C. 稍有喜欢　　　　　　　　　D. 非常喜欢

第二部分　理论知识

（26～125题，共100道题，满分为100分）

一、单项选择（第26～85题，每题1分，共60分）

26. 秘书工作部门在与各部门沟通时，应始终以（　　）的态度进行对话。
    A. 行政命令　　　　　　　　　B. 不卑不亢
    C. 从属辅助　　　　　　　　　D. 平等协商
27. 在办公室布局中突出监督作用，其最终目的在于（　　）。
    A. 方便部门之间的往来
    B. 把工作失误减少到最低限度
    C. 构建融洽的人际关系
    D. 方便上司掌握每位员工的状态
28. 纵向沟通最容易出现的障碍是（　　）。
    A. 不善聆听　　　　　　　　　B. 沟通各方心理活动存在障碍
    C. 理解力存在问题　　　　　　D. 语义歧义
29. 计算机的检测程序BIOS等系统程序和数据存放在计算机的（　　）中。
    A. CPU　　　　　　　　　　　B. ROM
    C. RAM　　　　　　　　　　　D. 硬盘
30. 秘书对原始信息进行分类的工作，属于（　　）。
    A. 信息整理　　　　　　　　　B. 信息存储
    C. 信息筛选　　　　　　　　　D. 信息深加工
31. 甲、乙双方互负债务，没有先后履行顺序，一方在对方履行之前有权拒绝其履行要求，一方在对方履行债务不符合约定时有权拒绝其相应的履行要求。在合同法上称为（　　）。
    A. 先履行抗辩权　　　　　　　B. 先诉抗辩权
    C. 同时履行抗辩权　　　　　　D. 不安抗辩权
32. 以下关于文书校对注意事项描述不正确的是（　　）。
    A. 注意对同音异体字的核查
    B. 注意字形相近的字的核查
    C. 注意对数字、人名、地名的核查
    D. 注意不要使用修改符号，只用红笔标记

33. 具有"简明、快捷、内容新鲜"这种特点的文书是(　　)。
    A. 简报　　　　　　　　　　B. 会议记录
    C. 传真　　　　　　　　　　D. 备忘录

34. 某电视台在上班时间发生了火灾,造成了极严重的后果,须向上级部门写报告,此报告属于(　　)。
    A. 工作报告　　　　　　　　B. 情况报告
    C. 答复报告　　　　　　　　D. 呈转报告

35. 确定档案的保管期限的工作属于(　　)。
    A. 档案保管　　　　　　　　B. 档案利用
    C. 档案鉴定　　　　　　　　D. 档案检索

36. 进行有效沟通除了要进行正确的引导、了解和说服外,还要(　　)。
    A. 安排各种活动　　　　　　B. 换位思考
    C. 强调自己的要求　　　　　D. 注意安全隐患

37. 关于介绍信的描述,以下不正确的选项是(　　)。
    A. 介绍信具有介绍和证明双重作用
    B. 出具介绍信要经过单位领导同意
    C. 介绍信上要盖骑缝章
    D. 介绍信没有时限要求

38. 企业应对公共关系危机时首先应该(　　)。
    A. 迅速作出反应,不推卸责任　　B. 避开媒体,避免不利报道
    C. 寻求政府、政策的保护　　　　D. 想方设法摆脱责任

39. 上司的旅程表是按照(　　)而制定的。
    A. 秘书的意见　　　　　　　B. 客户的要求和意见
    C. 上司的要求和意见　　　　D. 订票工作的情况

40. 若要改变演示文稿的整体外观,需要执行的命令是(　　)。
    A. 自动更正　　　　　　　　B. 自定义
    C. 应用设计模板　　　　　　D. 版式

41. 下列不属于以沟通手段分类的沟通形式是(　　)。
    A. 书面语言沟通　　　　　　B. 态势语言沟通
    C. 口头语言沟通　　　　　　D. 横向沟通

42. 制作好的订货单可以缺少的内容是(　　)。
    A. 买方单位基本情况　　　　B. 卖方单位基本情况
    C. 订货表格　　　　　　　　D. 买方单位的联系方式

43. 在Word的编辑状态下打开了一个文档,对文档作了修改,单击"关闭"命令后,(　　)。
    A. 文档被关闭,并自动保存修改后的内容
    B. 文档不能关闭,并提示出错信息
    C. 文档被关闭,修改后的内容不能保存
    D. 弹出对话框,询问是否保存对文档的修改

44. 信息校核是对经过初步甄别的信息作进一步的校验核实,对信息的(　　)进行

认定。
A. 重要性 B. 真实性
C. 齐全性 D. 充实性

45. 年度分类法是按照( )的年度，将档案分成若干类别。
A. 文件起草 B. 文件形成
C. 文件签收 D. 文件审核

46. 报告的发文字号，其位置应在( )。
A. 发文机关下空两行，居左空一字 B. 发文机关下空两行，居中
C. 发文机关下不空行，居中 D. 发文机关下空两行，居左顶格

47. 办公座位通道的预留应( )。
A. 以人就事 B. 以事就人
C. 以物就人 D. 以桌就位

48. 下列各项中受专利法保护的对象是( )。
A. 某甲发明的一种高血压病的治疗方法
B. 某乙发明的一种游戏规则
C. 某丙发明的一种茶叶的制作方法
D. 某丁发明可专用于吸食毒品的工具

49. 公共关系形象的最佳状态是( )。
A. 高知名度高美誉度 B. 高知名度低美誉度
C. 低知名度高美誉度 D. 低知名度低美誉度

50. 上级单位询问本公司经理行踪及本公司工作情况，值班人员如果对情况清楚，应( )。
A. 直接报告 B. 灵活应对
C. 避而不答 D. 拒绝回答

51. 下列说法不正确的是( )。
A. 订货单可以用文种做标题 B. 订货单由卖方填写
C. 订货单具有合同的性质 D. 大宗货物交易，不宜用订货单

52. 根据信息所反映的内容性质和特征的异同，将信息分门别类组织起来的工作是( )。
A. 信息分层 B. 信息组合
C. 信息聚集 D. 信息分类

53. ( )是信息的价值基础和生命所在。
A. 开发性 B. 可塑性
C. 客观性 D. 依附性

54. 影响接待规格的因素不包括( )。
A. 上司意见 B. 双方目前的关系
C. 客方的性别 D. 双方历史关系

55. 用确凿的量化证据来说明事物的说明方法叫做( )。
A. 定义法 B. 表述法
C. 图表法 D. 数字法

56. 对收集到的大量信息进行鉴别和选择，决定信息取舍的工作是(   )。
    A. 信息筛选   B. 信息鉴别
    C. 信息校核   D. 信息选择

57. 对文书进行(   )的工作属于缮印。
    A. 誊抄   B. 修订
    C. 校对   D. 记录

58. 通常在办公室中，(   )是印章的保管者。
    A. 公司保密人员   B. 秘书
    C. 档案员   D. 专门技术人员

59. 会议沟通的显著特点是(   )。
    A. 沟通对象具有群体性   B. 沟通信息具有单向性
    C. 无沟通环境要求   D. 只能使用语言沟通

60. 重要的会议决定事项应采取的催办方式是(   )。
    A. 派员催办   B. 发文催办
    C. 电话催办   D. 约请承办

61. 上司交代秘书办理的事项既有比较重要的事项，又有鸡毛蒜皮的小事；既有公务活动事项，又有私人生活事项等等，这体现了上司临时交办事项的(   )特点。
    A. 广泛性   B. 临时性
    C. 具体性   D. 紧迫性

62. 办公室空气环境的优劣会直接影响工作人员的(   )。
    A. 健康与心境   B. 判断和沟通能力
    C. 交流与感觉   D. 技术与发展水平

63. 在宏远公司举行"HW系列新产品新闻发布会"之时，有一家报纸声称宏远公司的新产品仿冒了海潮公司的产品，宏远公司应采取的应对方法是(   )。
    A. 推测是竞争对手海潮公司的宣传策略，予以揭露
    B. 由公司主要领导出面回应媒体，作出必要解释
    C. 向参会其他媒体暗示是海潮公司的炒作
    D. 不予回应

64. 为及时应对人身安全事件，工作场所应该(   )。
    A. 安放隐患提示标志   B. 张贴安全检测须知
    C. 备有急救箱   D. 备有工具箱

65. 统计资料属于(   )。
    A. 动态信息   B. 静态信息
    C. 预测信息   D. 比较信息

66. 档案检索工作是(   )的基础和前提。
    A. 档案利用   B. 档案分类
    C. 档案鉴定   D. 档案整理

67. 刻录机的读写速度是用"倍速"表示的，8×表示每秒钟能够传输(   )的数据。
    A. 400 KB   B. 800 KB
    C. 1200 KB   D. 1600 KB

68. 以下对报告与请示表述不准确的是(   )。
    A. 请示有对应的文种，而报告则无
    B. 行文方向不同，报告是下行文，请示是上行文
    C. 请示只能事前，而报告事前、事中、事后均可
    D. 请示只能有一个主送单位，而报告则可以有多个主送单位
69. 文书校对的内容不包括(   )。
    A. 重点检查文稿是否有政策错误
    B. 校订清样上的错字、漏字、多字
    C. 规范字体、字号
    D. 检查版式
70. 在机场或车站迎接来访团体时(   )。
    A. 应由主人一方先行介绍
    B. 应由客人先行介绍
    C. 主人应等待客人先伸手再握手
    D. 不要主动帮客人提大件行李
71. 在 Word 编辑状态下，要选定一竖块文本，可以把鼠标指针移到选定文本块的左上角，按住(   )键的同时拖动鼠标向选定文本块的右下角移动。
    A. Shift
    B. Alt
    C. Ctrl
    D. Tab
72. 驾驶者是主人，双排五座轿车的尊位是(   )。
    A. 副驾驶位
    B. 后排右座
    C. 后排左座
    D. 后排中座
73. 负责文件传阅工作的是(   )。
    A. 文书人员
    B. 主管领导
    C. 主要领导
    D. 有关业务部门负责人
74. 表示趋势及比较性信息宜采用(   )。
    A. 框图
    B. 饼状图
    C. 折线图
    D. 流程图
75. 内部工作人员在领取零用现金时应(   )。
    A. 自行取用
    B. 填写"零用现金凭单"
    C. 进行登记
    D. 先将有关票据交给秘书
76. 文书人员有权拒绝缮印未经(   )。
    A. 分类的文书
    B. 整序的文书
    C. 签发的文书
    D. 传阅的文书
77. 写"请示"应当(   )。
    A. 集中写几件事
    B. 是本机关职权范围内可以解决的事
    C. 一文一事
    D. 与报告一起写
78. 下列关于数码相机的叙述，错误的是(   )。
    A. 数码相机的感光是将光信号转换成电信号
    B. 数码相机是以化学方法记录图像的

C. 数码相机存在"限幅"
D. 数码相机拍摄的影像可输入计算机进行处理

79. 提醒购买者库存需要重新订购的标准称之为( )。
    A. 最大库存量　　　　　　　　B. 最小库存量
    C. 再订货量　　　　　　　　　D. 控制量

80. 用典型事例作论据证明论点的方法叫做( )。
    A. 事证法　　　　　　　　　　B. 反证法
    C. 引证法　　　　　　　　　　D. 例证法

81. 秘书应该根据( )、人员数量、活动内容作出接待费用的预算。
    A. 对方的要求　　　　　　　　B. 人员职位
    C. 接待规格　　　　　　　　　D. 接待地点

82. 数码相机的核心部件是( )。
    A. 镜头　　　　　　　　　　　B. 光圈
    C. CCD　　　　　　　　　　　D. LCD

83. 下列关于数码相机使用注意事项的描述,错误的是( )。
    A. 数码相机适宜拍摄自然风光
    B. 使用数码相机拍摄时要尽量靠近被摄体
    C. 拍摄时被摄体最好处在顺光的位置
    D. 在逆光拍摄时要使用闪光灯进行补光

84. 秘书在准备办公用品时不需承担的职责是( )。
    A. 订购　　　　　　　　　　　B. 制造
    C. 分配　　　　　　　　　　　D. 储备

85. 按照信息存储的顺序逐件登记的形式称为( )。
    A. 个别登记　　　　　　　　　B. 顺序登记
    C. 总括登记　　　　　　　　　D. 连续登记

二、多项选择（第86～125题,每题1分,共40分）

86. 信息存储的载体有( )。
    A. 软盘　　　　　　　　　　　B. 磁带
    C. 光盘　　　　　　　　　　　D. 纸张

87. 下列关于通用公文中各要素标识正确的是( )。
    A. 发文字号由发文机关代字、年号、序号三部分构成
    B. 发文字号用3号仿宋体字
    C. 成文日期用汉字标全年、月、日
    D. 下行文需标识签发人

88. 申请设立有限责任公司须向登记机关提交的文件及证件包括( )。
    A. 股东法人资格证明
    B. 企业名称预先核准通知书
    C. 受理通知书

D. 公司章程
89. 议论的三要素是( )。
   A. 论点
   B. 论据
   C. 结论
   D. 论证
90. 对会议议题的审核原则包括( )原则。
   A. 成本性
   B. 唯一性
   C. "一支笔"
   D. 计划性
91. 文书写作中，对主题的要求是( )。
   A. 正确
   B. 深刻
   C. 新颖
   D. 集中
92. 会议主办方接待采访会议的新闻媒体的基本原则是( )。
   A. 履行登记，责任到人
   B. 实事求是
   C. 信息保密，内外有别
   D. 明确范围，有针对性
93. 检查会议决定事项的催办工作要做到( )。
   A. 传达催办通知
   B. 明确催办人员
   C. 建立催办登记簿
   D. 建立汇报制度
94. 秘书收集信息的渠道有( )。
   A. 图书馆
   B. 联机信息检索
   C. 信息机构
   D. 大众传播媒介
95. 文件传阅单上的项目内容包括( )。
   A. 文件字号
   B. 传阅时间
   C. 传阅对象姓名
   D. 批示
96. 在会议常用视听设备的使用时应注意( )。
   A. 会前由专门人员负责检查所有设备
   B. 简单的故障可由与会者或发言人自己维修
   C. 设备出现故障时最好及时更换新的设备
   D. 会议设备检查人员要有可以提供紧急维修技术人员或技术部门的电话号码
97. 一次重大会议将要召开，需要拟写一份文书请有关人员出席，可以使用( )行文。
   A. 会议通知
   B. 会议简报
   C. 请柬
   D. 邀请信
98. 会议发言有正式发言和自由发言两种，自由发言时要做到( )。
   A. 发言应简短，观点应明确
   B. 对与会人员的提问应礼貌作答
   C. 争抢发言，旁若无人
   D. 态度平和，听从主持人的指挥
99. 常用作答复函的尾语的是( )。
   A. 请予复函
   B. 此复
   C. 即请函复
   D. 专此函告

100. 劳动争议的解决途径包括（　　）。
    A. 劳动合同当事人协商　　　　　B. 劳动争议调解委员会调解
    C. 劳动争议调解委员会仲裁　　　D. 依法向人民法院提起诉讼
101. 要控制会议场地不受干扰，就要尽量安排在（　　）。
    A. 企业内部宾馆　　　　　　　　B. 远离闹市的会议场所
    C. 商务型酒店　　　　　　　　　D. 度假型酒店
102. 企业接待工作中，常见的接待规格包括（　　）。
    A. 高规格接待　　　　　　　　　B. 低规格接待
    C. 非常规接待　　　　　　　　　D. 对等接待
103. 下列属于会议记录的内容的是（　　）。
    A. 会议描述　　　　　　　　　　B. 与会者姓名
    C. 会议签到情况　　　　　　　　D. 主席签名
104. 会议决定事项的传达方式有（　　）。
    A. 会议简报　　　　　　　　　　B. 会议纪要
    C. 口头传达　　　　　　　　　　D. 录像传达
105. 下列有关电子邮件的说法中，正确的有（　　）。
    A. 电子邮件的邮局一般在邮件接收方个人计算机中
    B. 电子邮件是 Internet 提供的一项基本的服务
    C. 通过电子邮件可以向世界上的任何一个 Internet 用户发送信息
    D. 电子邮件可发送的多媒体信息只有文字和图像
106. 著作权的客体包括（　　）。
    A. 音乐　　　　　　　　　　　　B. 舞蹈
    C. 杂技　　　　　　　　　　　　D. 戏剧
107. 信息校核的方法有（　　）。
    A. 比较法　　　　　　　　　　　B. 技术法
    C. 逻辑法　　　　　　　　　　　D. 网络法
108. 企业在准备会议资料时，不属于提供给来宾的资料是（　　）。
    A. 会议手册　　　　　　　　　　B. 会务组成员通讯录
    C. 会议文件资料　　　　　　　　D. 接站一览表
109. 会议纪要的特点是（　　）。
    A. 现实性　　　　　　　　　　　B. 纪实性
    C. 指导性　　　　　　　　　　　D. 提要性
110. 会议的主持人礼仪表现对会议能否成功有着重要的影响。因此，主持人主持会议时必须做到（　　）。
    A. 遇到熟人要热情打招呼　　　　B. 衣着整洁，庄重大方
    C. 根据会议性质调节会议气氛　　D. 常抬头扫视一下会场
111. 下列不具有合同性质的文书是（　　）。
    A. 意向书　　　　　　　　　　　B. 订货单
    C. 协议书　　　　　　　　　　　D. 产品说明书

112. 以下选项中属于发文处理程序的是(　　)。
    A. 签发　　　　　　　　　　B. 封发
    C. 用印　　　　　　　　　　D. 签收
113. 秘书收集信息的方法有(　　)。
    A. 观察法　　　　　　　　　B. 询问法
    C. 阅读法　　　　　　　　　D. 问卷法
114. 拼音速记中的同一个速符可代表不标四声调的所有的同音(　　)。
    A. 汉字　　　　　　　　　　B. 词组
    C. 词语　　　　　　　　　　D. 句子
115. 简报按其内容分为(　　)。
    A. 专题简报　　　　　　　　B. 工作简报
    C. 会议简报　　　　　　　　D. 动态简报
116. "你校《关于要求追加后期建设用地补偿款的函》（中小发〔05〕第 38 号）收悉。"这是一份复函的缘由部分，其错误主要有(　　)。
    A. 整个字号部分用了括号
    B. "05"错误，年不能用省略法，而要写成 2005
    C. "05"后面应该加年，即"2005 年"
    D. 发文序号前不应有"第"
117. 下列会议信息属于宣传性信息的是(　　)。
    A. 会议纪要　　　　　　　　B. 会议公报
    C. 会议总结　　　　　　　　D. 会议简报
118. 信息分类的方法有(　　)。
    A. 主题分类法　　　　　　　B. 时间分类法
    C. 逻辑分类法　　　　　　　D. 标准分类法
119. 简报的导语很重要，一般的写法有(　　)。
    A. 提问式　　　　　　　　　B. 结论式
    C. 描写式　　　　　　　　　D. 叙述式
120. 在会议值班过程中，值班人员经常会接受到各种信息，在会议信息处理上比较恰当的做法有(　　)。
    A. 将上级单位通知报送"干部廉政建设工作总结"的电话内容告知总经理
    B. 将上级单位"关于要求按期公司财务审计报告"的来文呈送分管领导
    C. 将与会者对会议伙食的意见告知带班领导
    D. 将会议紧急用车事宜告知车队调度人员
121. 加强团队管理应注意(　　)。
    A. 在团队中要求同存异
    B. 加强项目的合理分配
    C. 建立相互信任、互相尊重的人文氛围
    D. 管理者具有创造性和主观性
122. 以下关于"Word 文本行"的说法，错误的有(　　)。
    A. 输入文本内容到达屏幕右边界时，只有按回车键才能换行

B. Word 文本行的宽度与页面设置有关
C. 在 Word 中文本行的宽度就是显示器的宽度
D. 用户无法控制 Word 文本行的宽度

123. 下列可以联合行文的机关是（   ）。
　　A. 人事局和财政局
　　B. 市人民政府和市人事局
　　C. 省委和省政府
　　D. 省教委、省财政厅、市委组织部

124. 收集会议文件资料时应注意的事项是（   ）。
　　A. 确定收集范围　　　　　　B. 运用不同方式
　　C. 遵守保密制度　　　　　　D. 严格登记手续

125. 用简明扼要的文字介绍商品的文书是（   ）。
　　A. 消息　　　　　　　　　　B. 广告
　　C. 订货单　　　　　　　　　D. 商品说明书

第三部分　技能部分

一、案例分析（满分50分。第1题20分，第2题30分）

1. 请看案例分析素材录像，找出录像中秘书行为及工作环境中正确或错误的地方（每题连续播放两遍，应至少找出10处正误点）。

2. 请看案例分析素材录像，找出录像中秘书行为及工作环境中正确或错误的地方（每题连续播放两遍，应至少找出15处正误点）。

二、操作题（第3～4题，每题15分，第5题20分，共50分）

3. 背景说明：你是宏远公司的行政秘书钟苗，下面是行政经理需要你完成的几项工作任务。

便　条

钟苗：
　　为促使会议精神落到实处，公司定于下周二召开一次部门经理会议。请将如何完善会议决定事项的催办制度提出你的看法，在本周末前以备忘录形式发给我。
　　谢谢！

行政经理××
××年×月×日

4. 背景说明：你是宏远公司的秘书钟苗，下面是经理需要你完成的几项工作任务。

便　条

钟苗：

　　我们在接待中使用的一些工具不够规范，特别是接站牌和名片的设计有些遗漏会引起客人的不便。请你在本周提供这两个沟通接待工具设计样例给客服部，以便提高接待服务水平

　　谢谢！

经理××
××年×月×日

5. 背景说明：你是宏远公司的行政秘书钟苗，下面是行政经理需要你完成的几项工作任务。

便　条

钟苗：

　　公司人力资源部发了一份对员工进行计算机技术培训的通知，其中有错字、多字。请你以提纲形式说明要保证文书质量，应对文书的哪些方面进行校对，校对要遵守的要求是什么。成文后请发到我的邮箱中，以便备查。

　　谢谢！

行政经理××
××年×月×日

参考文献

1. 金常德. 秘书日常事务管理 [M]. 北京：北京大学出版社，2010.
2. 张丽琍. 商务秘书实务 [M]. 北京：中国人民大学出版社，2004.
3. 王永生. 中国秘书 [M]. 北京：企业管理出版社，1999.
4. 陈贤华. 秘书工作论 [M]. 成都：四川大学出版社，1996.
5. 金常德. 秘书职业概论 [M]. 重庆：重庆大学出版社，2010.
6. 刘小玲. 秘书职业概论 [M]. 北京：航空工业出版社，2010.
7. 蔡超，王世斌. 企业秘书概论 [M]. 广州：暨南大学出版社，2008.
8. 杨树森. 秘书学概论 [M]. 合肥：安徽人民出版社，2005.
9. 杨继昭. 秘书学概论 [M]. 北京：中国人民大学出版社，2009.